HARMS

W0265874

4

Die Arbeitsmappe

Neubearbeitung

Schroedel

Das Sachbuch • Die Arbeitsmappe
4. Schuljahr
Neubearbeitung

Herausgegeben von
Dieter Kraft

Erarbeitet von
Peter Backhaus
Angelika Hiller
Dieter Kraft
Uwe Marth
Wolfgang Moritz

Druck A⁸ / Jahr 2011
Alle Drucke der Serie A sind im Unterricht parallel verwendbar.

Redaktion:	Uwe Tönnies
Layout:	Wladimir Perlin
Herstellung:	Gundula Wanjek-Binder
Illustration:	Grafik-Digital Werbestudio; Burkhard Kracke; Barbara Schneider
Kartografie:	Dr. Peter Güttler
Umschlaggestaltung:	Jürgen Kochinke mit einem Foto von Uwe Kolter
Satz und Repro:	Schmiku-Repro, Schwerte
Druck und Bindung:	pva, Druck und Medien Dienstleistungen GmbH, Landau

ISBN 978-3-507-**46577**-0

Fotonachweis:
S. 3 Mitte/Mitte, Kai Ulrich Müller, Berlin; S. 3 u. l., Landesarchiv, Berlin; S. 3 Mitte l., Grips-Theater, Berlin; S. 3 u. Mitte, W. Moritz, Berlin; S. 3 u. r., Wilhelm Foerster Sternwarte/CDS Design GmbH, Berlin; S. 4 o. l., W. Moritz, Berlin; S. 4 o. r., C. Reich, Berlin; S. 4 Mitte l., F. Tönnies, Laatzen; S. 4 Mitte r., C. Reich, Berlin; S. 4 u. r., C. Reich, Berlin; S. 4 Mitte, F. Tönnies, Laatzen; S. 5 o. l., U. Marth, Berlin; S. 5 Mitte l., F. Tönnies, Laatzen; S. 5 o. r., C. Reich, Berlin; S. 5 Mitte r., W. Moritz, Berlin; S. 5 u., W. Moritz, Berlin; S. 5 u., Landesarchiv, Berlin; S. 11 (1), W. Moritz, Berlin; S. 11 (2), F. Tönnies, Laatzen; S. 11 (3), F. Tönnies, Laatzen; S. 11 (4), F. Tönnies, Laatzen; S. 11 (5), F. Tönnies, Laatzen; S. 11 (6), F. Tönnies, Laatzen; S. 11 (7), Landesarchiv, Berlin; S. 11 (8), F. Tönnies, Laatzen; S. 11 (9), F. Tönnies, Laatzen; S. 13 (10), Deutsches Historisches Museum/W. Moritz, Berlin; S. 13 (11), F. Tönnies, Laatzen; S. 13 (12), Landesarchiv, Berlin; S. 13 (13), F. Tönnies, Laatzen; S. 13 (15), F. Tönnies, Laatzen; S. 13 (14), Das Luftbild-Archiv, I. Dunse, Kasseburg; S. 13 (16), F. Tönnies, Laatzen; S. 13 (17), W. Moritz, Berlin; S. 13 (18), W. Moritz, Berlin; S. 13 (19), F. Tönnies, Laatzen; S. 13 (20), U. Marth, Berlin; S. 13 (21), U. Marth, Berlin; S. 16, 1. Bild v. oben, A. Hiller, Berlin; S. 16, 2. Bild v. oben, W. Moritz, Berlin; S. 16, 3. Bild v. oben. W. Moritz, Berlin; S. 16 u. l., Verkehrsamt, Berlin; S. 17 o., F. Tönnies, Laatzen; S. 18 u. S. 21, Deutsches Technikmuseum, Berlin; S. 21 u. l., U. Marth, Berlin; S. 22 u. r., Offener Kanal Berlin (OKB), Berlin; S.23 o. l., W. Moritz, Berlin; S. 23 o. r., Charité, Berlin; S. 23 Mitte r., W. Moritz, Berlin; S. 23 u. l., W. Moritz, Berlin; S. 27 o. l., W. Moritz, Berlin; S. 33 Mitte r., Förderkreis d. Museumsdorfes Düppel e.V., Berlin; S. 35 o., S. 35 u., S. 36 o., Bildarchiv Preußischer Kulturbesitz, Berlin; S. 37 o., Deutsches Historisches Museum, Berlin; S. 37 u. r., Archiv für Kunst und Geschichte, Berlin; S. 38 o., Landesarchiv, Berlin; S. 38, 2. Bild v. oben, Deutsches Historisches Museum, Berlin; S. 38, 3. Bild v. oben, Landesarchiv, Berlin; S. 38 u., Deutsches Historisches Museum, Berlin; S. 39 o., Landesarchiv, Berlin; S. 39 u. r., Landesarchiv, Berlin; S. 40 o., Landesarchiv, Berlin; S. 40 Mitte, Deutsches Historisches Museum, Berlin; S. 40 Mitte r. u. l., Deutsches Historisches Museum, Berlin; S. 41 Mitte r., Deutsches Historisches Museum, Berlin; S. 41 u. r., Deutsches Historisches Museum, Berlin; S. 43 o., Landesarchiv/Henry Ries, Berlin; S. 43 u. r., W. Moritz, Berlin; S.44 o. r., Deutsches Historisches Museum, Berlin; S. 45 o. l., Landesarchiv/Gert Schütz, Berlin; S. 45 o. r., Deutsches Historisches Museum, Berlin; S. 45 Mitte l. u. r., Deutsches Historisches Museum, Berlin; S. 47 Mitte l., F. Tönnies, Laatzen; S. 47 Mitte r., U. Marth, Berlin; S. 47 u. r., F. Tönnies, Laatzen; S. 51 (1), W. Moritz, Berlin; S. 51 (2), C. Reich, Berlin; S. 51 (3), C. Reich, Berlin; S, 51 (4), U. Marth, Berlin; S. 51 (5), Silvestris, Kastl; S. 51 (6), Kur und Freizeit Belzig, GmbH, Belzig; S. 51 (7), W. Moritz, Berlin; S. 51 (8), U. Marth, Berlin; S. 51 (9), U. Marth, Berlin; S. 51 (10), U. Marth, Berlin; S. 51 (11), W. Moritz, Berlin; S. 51 (12), U. Marth, Berlin; S. 53 o., Schroedel-Archiv, Braunschweig; S. 53 Mitte r., W. Moritz, Berlin; S. 54 o. r., W. Moritz, Berlin; S. 54 u. l., Flaeming-Skate GmbH, Luckenwalde

Berlin – eine Stadt für Kinder

Berlin, die Hauptstadt und größte Stadt Deutschlands, ist eine Stadt für Kinder.
Es gibt vieles, was aufregend und erlebnisreich ist und außerdem riesigen Spaß macht.
Dazu zählen der Zoo und der Tierpark, Theater, Museen und Kinos für Kinder, Stadtteil- und Volksfeste, Hallen- und Erlebnisbäder, Kinderbauernhöfe sowie Indoor- und Abenteuerspielplätze.
Auch besondere Stadterkundungen für Kinder werden in Berlin angeboten. Hier ist nur eine kleine Auswahl aus dem großen Angebot abgebildet.

1 Suche die Freizeiteinrichtungen auf der Berlinkarte Seite 56/57. Notiere die Nummern.

GRIPS Theater
Altonaer Straße 22

Freizeit- und Erholungszentrum (FEZ)
An der Wuhlheide 197

Naturkundemuseum
Invalidenstraße 43

Zoologischer Garten
Hardenbergplatz 8

Abenteuerspielplatz Märkisches Viertel
Senftenberger Ring 23–25

Wilhelm-Foerster-Sternwarte
Munsterdamm 90

Eine Stadt mit vielen Sehenswürdigkeiten

Im Jahr 1936 fanden die Olympischen Spiele in Berlin statt. Zu diesem Anlass wurde das Stadion gebaut. Nach dem Umbau bietet es Platz für 76 000 Zuschauer.

Im „Hauptbahnhof – Lehrter Bahnhof“ kreuzen sich die Bahnlinien „Stadtbahn“ und Nord-Süd-Bahn. Hier halten täglich Hunderte von Zügen aus nah und fern.

In der Mitte des großen Sterns ragt die Siegessäule auf.

Auf der Pfaueninsel mit ihrem Schloss leben noch immer über 50 Pfauen und zahlreiche andere Vogelarten. Das Schloss wurde 1797 im Ruinenstil erbaut und wird heute als Museum genutzt.

Die Gedächtniskirche wurde 1895 nach dem Tod Kaiser Wilhelms I. errichtet und im Zweiten Weltkrieg zerstört. Als Denkmal an die Zerstörungen des Krieges wurde die Turmruine erhalten.

Das Jüdische Museum zeigt in einem ungewöhnlichen Bauwerk die deutsch-jüdische Geschichte. Dort kann man sich informieren und die Schicksale der jüdischen Menschen nachempfinden.

1 Suche die abgebildeten Sehenswürdigkeiten auf der Berlinkarte 56/57. Notiere die Nummern.

Im Internationalen Congress Centrum (ICC) können bis zu 20 000 Besucher an Veranstaltungen teilnehmen. Neben dem ICC steht auf dem Messegelände der 150 m hohe Funkturm (errichtet 1926).

Die Oberbaumbrücke wurde 1896 erbaut. Sie verbindet heute Kreuzberg und Friedrichshain. An der Brücke war einer der Grenzübergänge zwischen Ost- und West-Berlin eingerichtet.

Im Haus der Kulturen der Welt (erbaut 1957) finden Veranstaltungen und Ausstellungen fremder Kulturen aus der ganzen Welt statt.

Die Zitadelle Spandau mit dem Juliusturm ist eine mittelalterliche Wasserburg. Sie diente seit 1594 als Schutzanlage für die Stadt Berlin. Die Burganlage kann besichtigt werden.

Übrigens:

Zu den Sehenswürdigkeiten unserer Stadt gehört auch der „Karneval der Kulturen“. An einem Pfingstwochenende ziehen unsere ausländischen Mitbürger auf prachtvollen Wagen durch die Stadt, spielen ihre Musik und zeigen ihre Tänze.

Weltweit bekannt ist der „Berlin-Marathon“. An einem Sonntag im September laufen Tausende Sportler aus vielen Ländern eine Strecke von 42 Kilometern, die auch durch das Brandenburger Tor führt.

Berlin und seine Bezirke

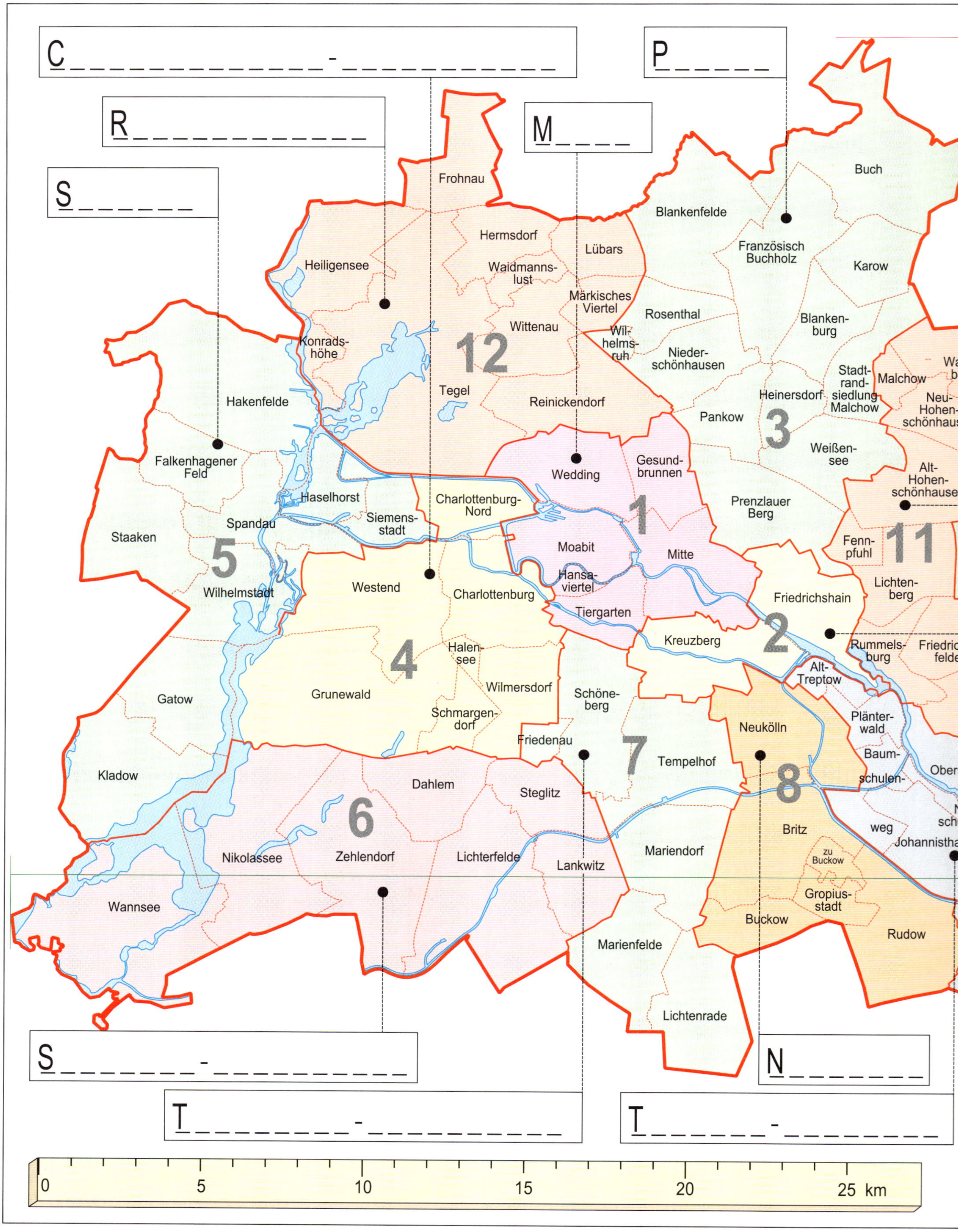

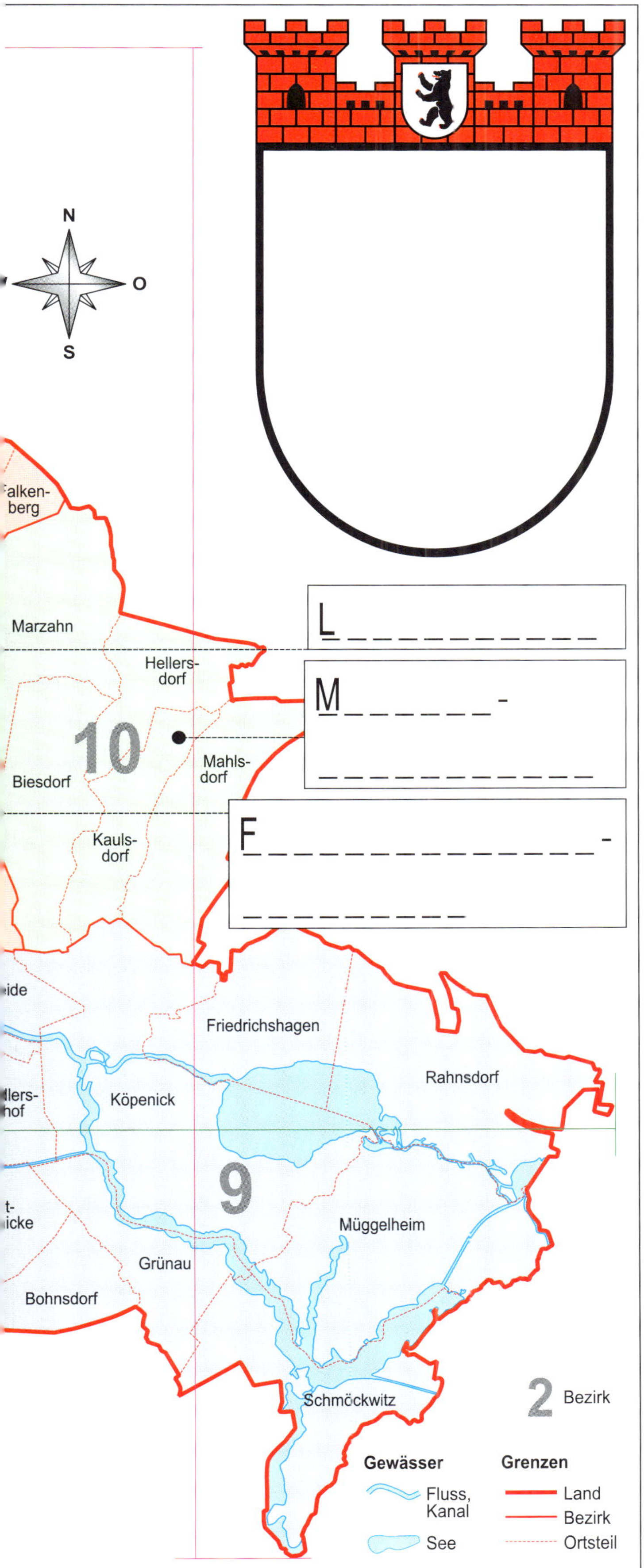

Im Jahr 1920 wurde die alte Stadt Berlin mit den bis dahin selbstständigen Städten Charlottenburg, Köpenick, Lichtenberg, Neukölln, Schöneberg, Spandau und Wilmersdorf sowie 59 Landgemeinden und 27 Gutsbezirken zu einer einheitlichen Stadtgemeinde Groß-Berlin mit Bezirken zusammengefasst.

Im Jahr 1998 beschloss das Abgeordnetenhaus, die 23 Bezirke zu 12 Bezirken zusammenzufassen.

1. Trage die Namen der Bezirke in der Karte ein. Die Liste der Bezirke sowie die Anfangsbuchstaben helfen dir.

   1 **Mitte**
   2 **Friedrichshain-Kreuzberg**
   3 **Pankow**
   4 **Charlottenburg-Wilmersdorf**
   5 **Spandau**
   6 **Steglitz-Zehlendorf**
   7 **Tempelhof-Schöneberg**
   8 **Neukölln**
   9 **Treptow-Köpenick**
   10 **Marzahn-Hellersdorf**
   11 **Lichtenberg**
   12 **Reinickendorf**

2. Schraffiere deinen Wohnbezirk.

3. Viele Bezirke sind in Ortsteile untergliedert. Unterstreiche den Ortsteil, in dem deine Schule liegt.

4. Bestimme folgende Entfernungen mithilfe der Maßstabsleiste:

   Die größte Nord-Süd-Ausdehnung von

   Berlin: ________ km.

   Die größe Ost-West-Ausdehnung von

   Berlin: ________ km.

5. Jeder Bezirk hat ein eigenes Wappen. Du findest die Wappen auf der Rückseite dieser Arbeitsmappe oder im Atlas. Male das Wappen deines Bezirks in den Rahmen.

Spaziergänge durch Berlins Mitte (1)

Berlins Mitte bietet viele Sehenswürdigkeiten. Auf verschiedenen Spaziergängen können die einzelnen historischen und neuen Gebäude besichtigt und erkundet werden. Die Karte auf Seite 9 zeigt Berlins Mitte.

1 Suche die Sehenswürdigkeiten der vier Spaziergänge auf der Karte Seite 9.
Informiere dich über die Sehenswürdigkeiten mithilfe der Bildkarten auf den Seiten 11 bis 14.

Spaziergänge durch Berlins Mitte

Spaziergang 1: Reichstag ① – Brandenburger Tor ② – Holocaust Mahnmal ③ – Potsdamer Platz und Sony-Center ④

Spaziergang 2: Berliner Dom ⑤ – Altes Museum ⑥ – Pergamon Museum ⑦ – Bode-Museum ⑧ – Neue Synagoge ⑨

Spaziergang 3: Zeughaus (Deutsches Historisches Museum) ⑩ – Humboldt-Universität ⑪ – St. Hedwigs-Kathedrale ⑫ – Französischer Dom ⑬ – Konzerthaus Berlin ⑭ – Deutscher Dom ⑮

Spaziergang 4: Nicolaikirche ⑯ – Rotes Rathaus ⑰ – Alexanderplatz ⑱ – Fernsehturm ⑲ – Marienkirche ⑳ – Neptunbrunnen ㉑

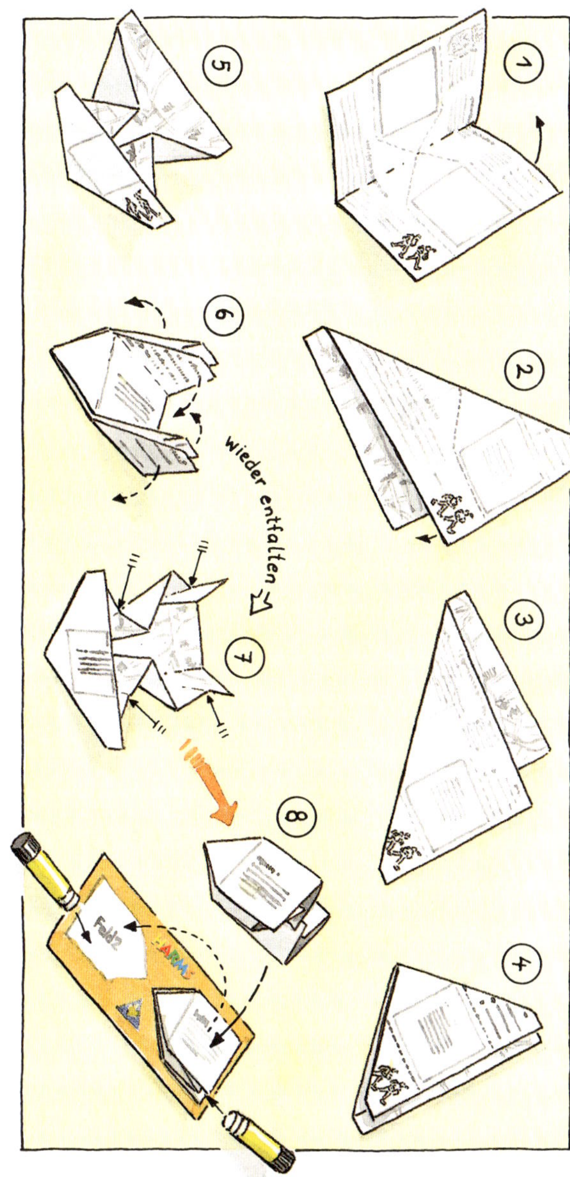

Um sich bei einer Stadterkundung besser zu orientieren, kannst du dir aus der Karte und einem Streifen von der Klappseite hinten in der Mappe eine Klappkarte herstellen. Durch die besondere Faltung ist sie handlich und passt in jede Jackentasche.

2 Schneide von der hinteren Klappseite der Mappe an der gestrichelten Linie die Kartenhülle „Berlin Mitte" ab. Schneide die Ränder ab. Knicke den Streifen in der Mitte.

3 Trenne vorsichtig die Seite 9 aus der Mappe. Schneide die Karte sauber aus. Auf der Rückseite der Karte kannst du das Berliner Wappen ausmalen.

4 Falte nun die Karte. Folge genau den Arbeitsschritten 1 bis 8.

5 Klebe nun die gefaltete Karte in die Kartenhülle. Bestreiche zuerst die Kartenseite 1 mit dem Klebestift und klebe diese auf Feld 1 der Kartenhülle.

6 Bestreiche nun die Kartenseite 2 mit dem Klebestift und drücke den Deckel der Kartenhülle (Feld 2) auf die Karte.

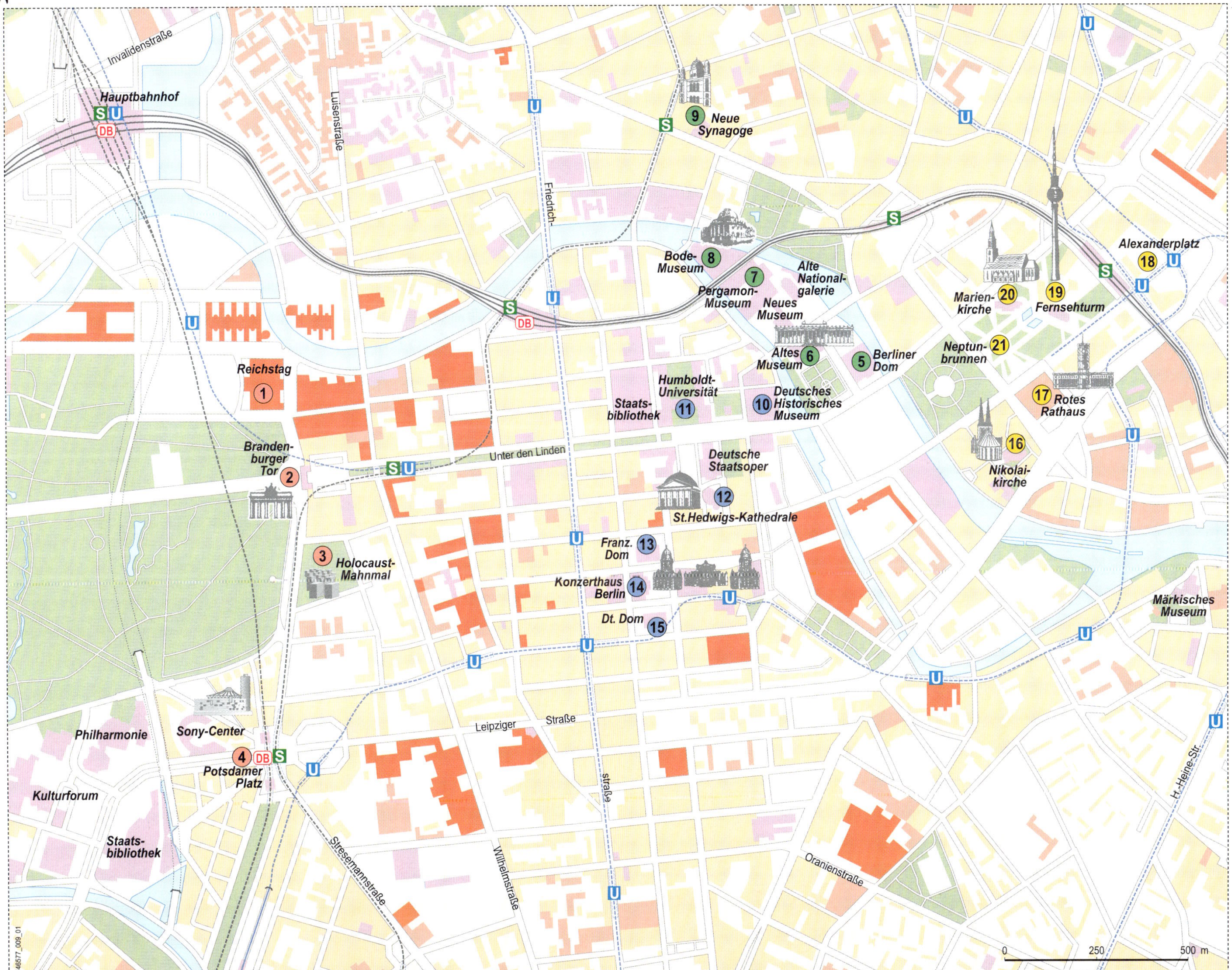
Hauptbahnhof
Invalidenstraße
Luisenstraße
Friedrich-
straße
Neue Synagoge
Bode-Museum
Pergamon-Museum
Alte National-galerie
Neues Museum
Altes Museum
Berliner Dom
Marien-kirche
Fernsehturm
Alexanderplatz
Neptun-brunnen
Rotes Rathaus
Nikolai-kirche
Reichstag
Branden-burger Tor
Unter den Linden
Humboldt-Universität
Staats-bibliothek
Deutsches Historisches Museum
Deutsche Staatsoper
St.Hedwigs-Kathedrale
Franz. Dom
Konzerthaus Berlin
Dt. Dom
Holocaust-Mahnmal
Märkisches Museum
Sony-Center
Philharmonie
Potsdamer Platz
Kulturforum
Staats-bibliothek
Leipziger Straße
Stresemannstraße
Wilhelmstraße
Oranienstraße
H.-Heine-Str.
0 250 500 m
F46577_009_01

Spaziergänge durch Berlins Mitte (2)

Spaziergänge durch Berlins Mitte

Spaziergang 1: Reichstag ① – Brandenburger Tor ② – Holocaust Mahnmal ③ – Potsdamer Platz und Sony-Center ④

Spaziergang 2: Berliner Dom ⑤ – Altes Museum ⑥ – Pergamon Museum ⑦ – Bode-Museum ⑧ – Neue Synagoge ⑨

Spaziergang 3: Zeughaus (Deutsches Historisches Museum) ⑩ – Humboldt-Universität ⑪ – St. Hedwigs-Kathedrale ⑫ – Französischer Dom ⑬ – Konzerthaus Berlin ⑭ – Deutscher Dom ⑮

Spaziergang 4: Nicolaikirche ⑯ – Rotes Rathaus ⑰ – Alexanderplatz ⑱ – Fernsehturm ⑲ – Marienkirche ⑳ – Neptunbrunnen ㉑

Kartenseite 2:
Nachdem du die Karte eingeklebt hast bestreiche diesen umrahmten Bereich mit einem Klebestift. Drück nun die Klappkarte mit Feld 2 darauf.

Falten

Falten

Beginne mit **Kartenseite 1:**
Bestreiche den umrahmten Bereich mit einem Klebestift. Klebe diese Seite zuerst auf Feld 1 der Kartenhülle.

Spaziergänge durch Berlins Mitte

Berlin-Spiel

Spielvorbereitung
Die 21 Bilder auf den Seiten 11 und 13 stellen die Sehenswürdigkeiten vor, die auf den Stadtspaziergängen in der Mitte Berlins zu sehen sind.

Auf der Rückseite der Abbildungen befindet sich ein kurzer Informationstext.
Mithilfe der Bildkarten könnt ihr das „Berlin-Bilder-Raten“ oder das „Berlin-Bingo“ spielen. Dazu werden die Bilder entlang der gestrichelten Linie ausgeschnitten.

Berlin-Bilder-Raten (2 Spieler, 1 Kartensatz)
Ein Spieler hält seine Karten bereit und legt dem Spielpartner vier beliebige Bilder vor. Dieser soll erkennen, welche Sehenswürdigkeiten dargestellt sind. Die Bilder, deren Namen er richtig genannt hat (Kontrolle durch Text auf der Rückseite), darf er behalten, die anderen werden beiseite gelegt. (Sie werden nicht mehr berücksichtigt, auch nicht bei der Zählung am Schluss). Danach legt der erste Spieler die nächsten vier Motive vor und so weiter, bis alle 21 Karten verteilt sind.

Berlin-Spiel

Berlin-Bingo
(2 oder mehr Spieler, pro Spieler ein Kartensatz)

Ein Kind ist Spielleiter. Dieser hält einen Satz Karten bereit. – Die übrigen Mitspieler wählen aus ihren Karten je vier Sehenswürdigkeiten aus und legen die Karten, mit dem Text nach oben, vor sich auf den Tisch.

Der Spielleiter zeigt das Bild seiner obersten Karte. Die Mitspieler schauen auf ihre aufgedeckten Karten und stellen fest, ob sie den passenden Text finden. Wer den Text bei seinen Karten entdeckt, darf seine Karte umdrehen. Dann zeigt der Spielleiter das nächste Bild und so weiter.
Wer als erster seine vier Karten umgedreht hat, ruft „Bingo“ und hat gewonnen.

Holocaust-Mahnmal Das Holocaust-Mahnmal soll an das Schicksal der jüdischen Mitbürger erinnern, die während der Zeit des Nationalsozialismus in den Konzentrationslagern ermordet wurden. Es besteht aus 2700 Betonblöcken (Stelen), zwischen denen man gehen und dabei die Ausweglosigkeit der jüdischen Opfer nachempfinden kann. Außerdem bietet ein unterirdisches Gebäude die Möglichkeit, sich zu informieren.	**Brandenburger Tor** Das Brandenburger Tor wurde 1791 fertig gestellt und war damals eines der 18 Stadttore von Berlin. Östlich des Tores begann die Stadt, westlich davon führte eine Landstraße durch den Wald, über Wiesen und Felder zu den Dörfern in der Umgebung und zum Schloss Charlottenburg in der Nähe von Lietzow. Von 1961–1989 stand das Brandenburger Tor auf dem „Todesstreifen“ und war für den Durchgangsverkehr gesperrt.	**Reichstagsgebäude** Das Reichstagsgebäude – fertig gestellt 1894 – war bis 1933 Tagungsort für das damalige Parlament, den Reichstag. Im Krieg wurde es stark zerstört und danach wieder aufgebaut – als Veranstaltungsort für verschiedene politische Einrichtungen. Die heutige Form mit der großen Glaskuppel hat das Gebäude seit 1999. Es ist heute wieder Sitz des Parlaments, des Bundestages.
Altes Museum Das Alte Museum ist das älteste Museum Berlins. Es wurde 1830 nach Baumeister Schinkels Ideen errichtet. Heute zeigt es wechselnde Ausstellungen. Vor der breiten Freitreppe steht die „größte Suppenschüssel Berlins“, eine aus einem märkischen Findling geschliffene Granitschale. Links vor dem Eingang steht ein Jüngling auf einem Pferd, der einen Löwen bezwingt, rechts eine Amazone mit einem Tiger.	**Berliner Dom** Der Dom wurde in den Jahren 1893–1905 erbaut. Im Krieg wurde er stark beschädigt. Seit 1994 ist er wieder hergestellt. Über ein Gewirr von Stiegen und Gängen kann man auf die Kuppel steigen, von deren Umgang man in 50 m Höhe einen schönen Rundblick auf die Stadt hat. In der Hohenzollerngruft befinden sich die Sarkophage der Familie des Großen Kurfürsten und mehrerer preußischer Könige.	**Potsdamer Platz und Sony-Center** Der Potsdamer Platz war vor dem Krieg der verkehrsreichste Platz Europas. Nach 1945 war er zunächst eine Trümmerwüste. Während der Berliner Mauerzeit lag er in dem Niemandsland zwischen Ost- und West-Berlin. Die modernen Gebäude und ein unterirdischer Regionalbahnhof wurden nach der Wiedervereinigung Deutschlands gebaut. Auf dem Platz steht heute die Nachbildung der ersten Ampelanlage mit waagerecht angeordneten Lichtzeichen, die früher an gleicher Stelle stand.
Neue Synagoge Die Neue Synagoge wurde 1866 fertig gestellt und war das Gotteshaus der größten jüdischen Gemeinde Deutschlands. Am 9. November 1938 wurde das Gebäude geplündert und beschädigt. Durch den mutigen Einsatz eines Feuerwehrmanns konnte ein Brand verhindert werden. Im Krieg brannte die Synagoge nach einem Bombenangriff dann allerdings vollständig aus. Seit 1995 strahlt die goldene Kuppel der aufgebauten Synagoge wieder. Sie dient heute als Museum und Begegnungszentrum der jüdischen Gemeinden.	**Bode-Museum** Das Bode-Museum hat seinen Namen nach seinem Begründer Wilhelm von Bode, der das Museum nach der Fertigstellung des Gebäudes 1905 mehrere Jahre leitete. Nach der Renovierung ist in den Räumen zunächst ein Münzkabinett zu besichtigen, später eine Skulpturensammlung und das Museum für Byzantinische Kunst.	**Pergamon-Museum** Das Pergamon-Museum wurde 1930 fertig gestellt. Es zeigt zahlreiche Gebäudeteile und Ausstellungsstücke, z. B. das bekannte Ischtar-Tor aus Babylon und den Pergamon-Altar, Teil eines antiken Tempels, der in der damaligen Türkei stand.

10

11

12

13

14

15

16

17

18

19

20

21

Berlin-Spiel

St. Hedwigs-Kathedrale
Die Kathedrale – eingeweiht 1773 – ist Sitz des katholischen Bischofs von Berlin. Die Kathedrale wurde nach der Heiligen Hedwig benannt, die im 12. Jahrhundert in Schlesien gelebt hatte. Im Krieg brannte die Kirche völlig aus und wurde 1963 nach dem Wiederaufbau wieder eröffnet.

In der Unterkirche befinden sich einige Bischofsgräber.

Humboldt-Universität
Die Humboldt-Universität – fertig gestellt 1766 – ist benannt nach den Brüdern Wilhelm von Humboldt (Wissenschaftler und Mitbegründer der Universität) und Alexander von Humboldt (Naturforscher und Expeditionsreisender).
Heute studieren an der Humboldt-Universität über 20 000 Studenten. Seit 2004 können auch Grundschulkinder im Rahmen der „Kinder-Uni" an Vorlesungen im großen Vorlesungssaal (Audi Max) teilnehmen.

Deutsches Historisches Museum
Das ehemalige Zeughaus, 1730 eingerichtet als Lager für Waffen und Kriegsgerät, wurde im Zweiten Weltkrieg stark beschädigt.
Nach seiner Renovierung und Errichtung eines modernen Erweiterungsbaus ist heute in dem Gebäude das Deutsche Historische Museum untergebracht. Im Museum erhält man einen Überblick über die deutsche Geschichte.

Deutscher Dom
An der Südseite des Gendarmenmarkts, benannt nach einem Wachregiment, das im 18. Jahrhundert an diesem Ort seine Pferdeställe und seine Unterkunft hatte, wurde1701 eine neue Kirche für die Gemeinde der Friedrichstadt gebaut. Gut 80 Jahre danach ließ Friedrich der Große die Kirche durch eine Kuppel und eine Säulenhalle zu einem Dom erweitern. Heute werden in dem Gebäude in mehreren Stockwerken Ausstellungen gezeigt.

Konzerthaus
Das Konzerthaus wurde von Baumeister Schinkel 1821 als Schauspielhaus errichtet. Im Zweiten Weltkrieg wurde es stark beschädigt. Später wurde es renoviert und seit 1984 als Konzerthaus genutzt. Im großen Saal haben 1200 Zuhörer Platz.
Vor dem Gebäude steht ein Denkmal für den berühmten deutschen Dichter Friedrich Schiller.

Französischer Dom
An der Nordseite des Gendarmenmarkts wurde 1701 eine Kirche für die französische Gemeinde der Friedrichstadt gebaut. Denn seit 1685 waren Tausende französischer Flüchtlinge (Hugenotten) in die Friedrichstadt eingewandert. Sie wollten ihre Gottesdienste in französischer Sprache abhalten.
Gut 80 Jahre später ließ Friedrich der Große die Kirche durch einen Kuppelturm zu einem Dom erweitern.
Im Erdgeschoss befindet sich das Hugenottenmuseum.

Alexanderplatz
Der „Alex" befindet sich östlich des großen Bahnhofgebäudes, am Schnittpunkt mehrerer U- und S-Bahn-Linien und verschiedener Regionalbahnen.
Er hat 1805 seinen Namen nach dem russischen Zaren Alexander I. erhalten.
Auf dem Platz steht der Brunnen der Völkerfreundschaft und eine Weltzeituhr, auf der man die augenblickliche Zeit aller bedeutenden Großstädte der Erde ablesen kann.

Rotes Rathaus
Das Rote Rathaus mit seinem 74 m hohen Turm besteht seit 1869. Um das Gebäude herum zieht sich in Höhe des ersten Stocks die „steinerne Chronik", ein aus 36 Terrakotta-Reliefs bestehender Fries mit Darstellungen aus der Geschichte Berlins, u. a. die erste Eisenbahnfahrt von Potsdam nach Berlin.
Das Rathaus ist Sitz des Regierenden Bürgermeisters unserer Stadt.
Im Wappensaal werden prominente Gäste der Stadt empfangen und Konzerte veranstaltet.

Nikolai-Kirche
Die Nikolai-Kirche ist eine der ältesten Kirchen unserer Stadt. Ihr unterer Teil, der Feldsteinbau, entstand etwa um 1230. Die Kirche wurde nach dem Schutzheiligen der Schiffer und Kaufleute, St. Nikolaus, benannt. In den folgenden Jahrhunderten wurde das Gotteshaus mehrfach umgebaut. Die beiden spitzen Türme hat die Kirche erst seit 1878.
Heute wird die Kirche als Museum und Konzertraum genutzt.

Neptunbrunnen
Zwischen Marienkirche und Rotem Rathaus befindet sich der Neptunbrunnen. Er stammt aus dem Jahr 1891.
In der Mitte der Brunnenanlage thront der Meeresgott Neptun.
An den Seiten sitzen vier weibliche Figuren, die vier Flüsse und ihre Landschaft symbolisieren: Rhein, Elbe, Oder und Weichsel.

Marienkirche
Die Marienkirche stammt aus dem 13. Jahrhundert und hat ihre ursprüngliche Form im Wesentlichen beibehalten. Lediglich der Turm wurde mehrfach verändert.
Im Krieg durch Bomben stark beschädigt, wurde die Kirche bereits 1947 wieder aufgebaut.
Im Innern ist besonders die Kanzel sehenswert. Sie stammt von dem berühmten Künstler Andreas Schlüter.

Fernsehturm
Der Fernsehturm – auch „Telespargel" genannt – ist mit 368 m Höhe das höchste Bauwerk Berlins. Das Tele-Café befindet sich in 207 m Höhe.
Mit dem Schnellaufzug kann man hinauf fahren und die Stadt von der drehbaren Aussichtskugel in alle Richtungen überblicken – bei klarer Sicht bis zu 40 Kilometer weit. Mitunter jedoch ist die Spitze des Antennenmasts in den Wolken versteckt.
Der Fernsehturm wurde 1969 eröffnet.

Die Buslinien 100 und 200

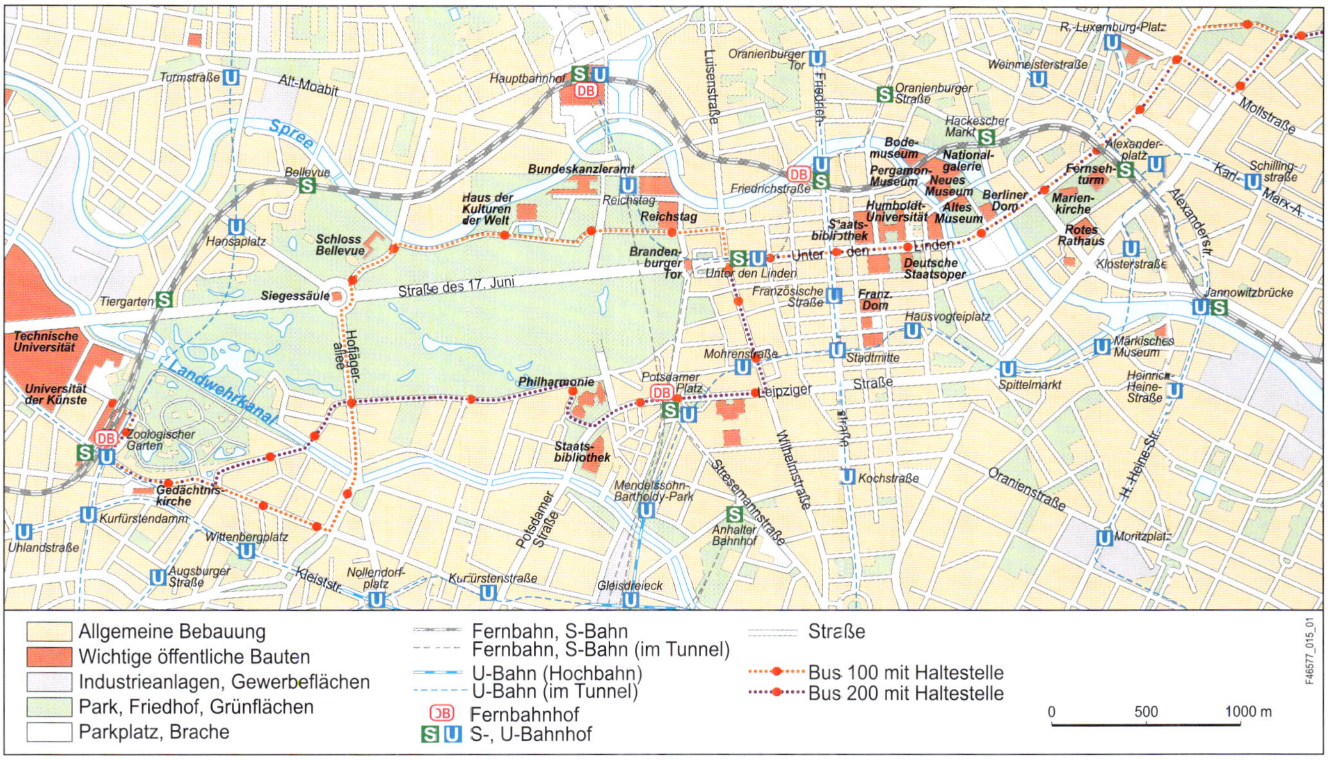

Streckenführung der Buslinien 100 und 200 (Ausschnitt)

100

Hertzallee – 1 S+U Zoologischer Garten DB – 3 Hardenbergstr. – 4 Breitscheidplatz – 5 Bayreuther Str. – 6 Schillstr. – 8 Lützowplatz – 10 Nord.Botschaften/Adenauer-Stiftg – 12 Großer Stern – 13 Schloß Bellevue – 14 Haus der Kulturen der Welt – 15 Platz der Republik – 16 Reichstag/Bundestag – 19 S Unter den Linden – 21 Unter den Linden/Friedrichstr. – 22 Staatsoper – 23 Lustgarten – 25 Spandauer Str./Marienkirche – 27 S+U Alexanderplatz – 29 Memhardstr. – 31 S+U Alexanderplatz

200

Hertzallee – 1 S+U Zoologischer Garten DB – 3 Hardenbergstr. – 4 Breitscheidplatz – 6 Budapester Str. – 7 Corneliusbrücke – 8 Nord.Botschaften/Adenauer-Stiftg – 9 Hildebrandstr. – 10 Philharmonie – 13 Varian-Fry-Str. – 15 S+U Potsdamer Platz – 18 U Mohrenstr. – 20 Behrenstr./Wilhelmstr. – 22 Unter den Linden/Friedrichstr. – 23 Staatsoper – 24 Lustgarten – 25 Spandauer Str./Marienkirche – 28 S+U Alexanderplatz – 29 Memhardstr. – 31 Mollstr./Prenzlauer Allee – 33 Mollstr./Otto-Braun-Str. – 34 Am Friedrichshain – 35 Botzowstr. – 36 Am Friedrichshain/Hufelandstr. – 42 Michelangelostr.

Ein „Geheimtipp" für Berlin-Besucher sind die Buslinien 100 und 200. Man sagt, sie ersetzen fast eine Stadtrundfahrt.

1. Vergleiche die Fahrstrecken der Buslinien 100 und 200. Unterstreiche die Namen der Haltestellen, an denen die Busse beider Linien halten.
2. Schreibe jeweils zwei Sehenswürdigkeiten auf, die entlang der Buslinien zu sehen sind.

100: ____________________

200: ____________________

3. Erkundige dich nach den gültigen Fahrpreisen für eine Fahrt mit dem Bus.
4. Zählt auf, welche Verhaltensregeln in öffentlichen Verkehrsmitteln gelten und beachtet werden müssen.

____

____

____

Wälder und Parks in Berlin

① ______________________

② ______________________

③ ______________________

④ ______________________

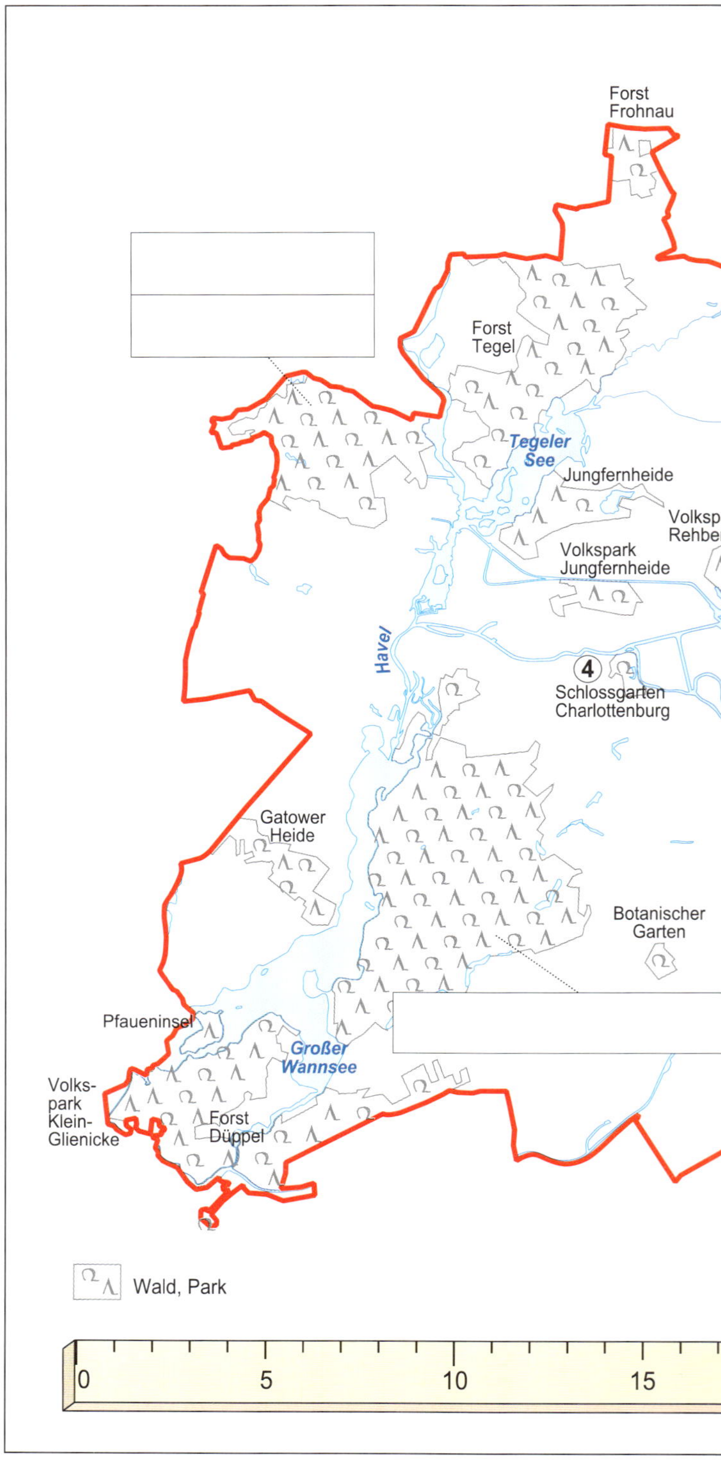

1 Schreibe die richtigen Namen der Parks unter die Fotos. Die Karte hilft dir dabei.

2 Male die Waldgebiete dunkelgrün und die Parks und Gärten hellgrün aus!

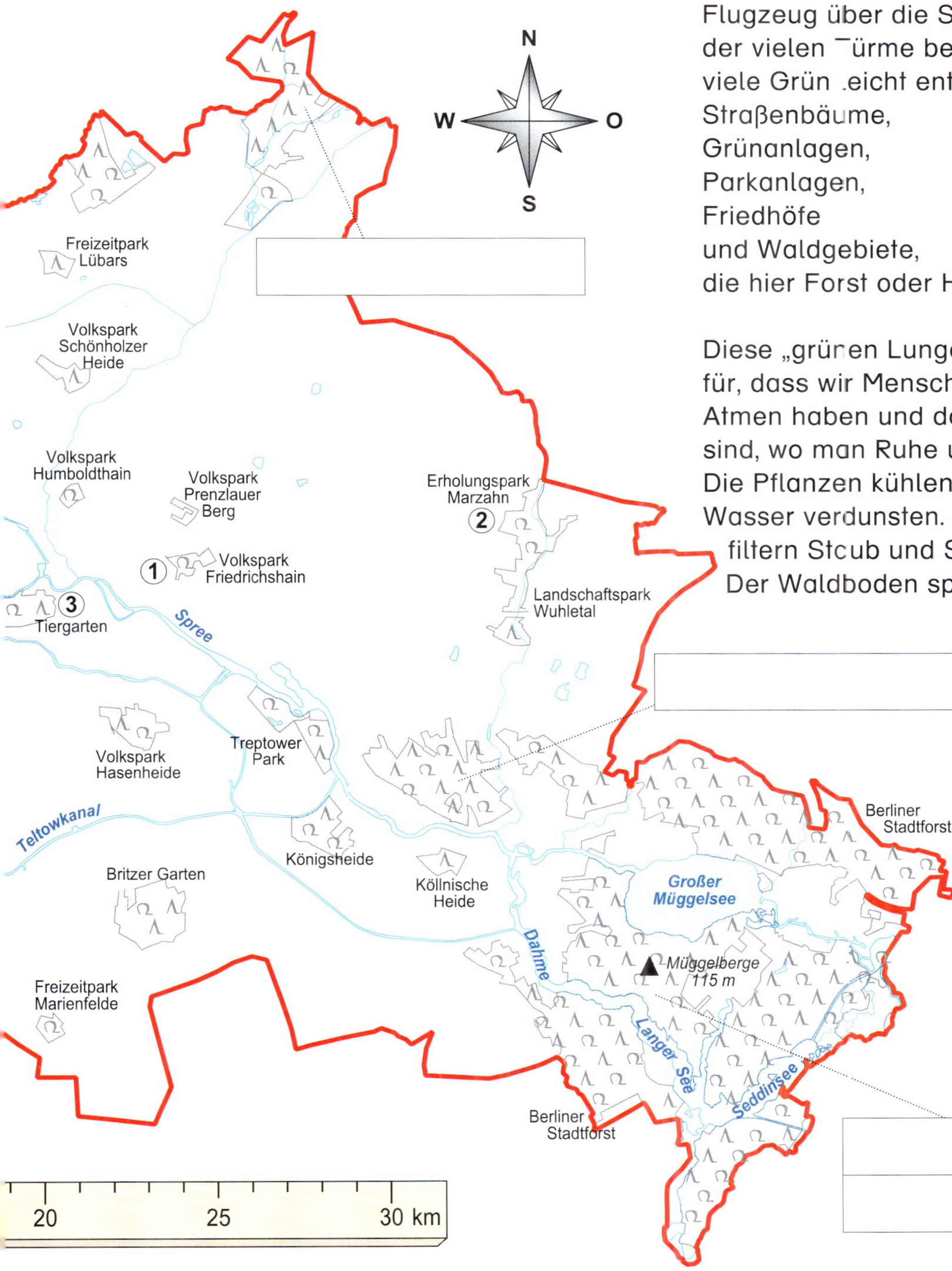

Berlin ist eine grüne Stadt. Wenn du mit dem Flugzeug über die Stadt fliegst oder einen der vielen Türme besteigst, kannst du das viele Grün leicht entdecken:
Straßenbäume,
Grünanlagen,
Parkanlagen,
Friedhöfe
und Waldgebiete,
die hier Forst oder Heide heißen.

Diese „grünen Lungen" der Stadt sorgen dafür, dass wir Menschen frische Luft zum Atmen haben und dass Bereiche vorhanden sind, wo man Ruhe und Entspannung findet. Die Pflanzen kühlen die Luft, weil sie viel Wasser verdunsten. Die Blätter der Pflanzen filtern Staub und Schadstoffe aus der Luft. Der Waldboden speichert das Regenwasser.

Aber auch viele verschiedene Tiere finden Schutz und Nahrung in den Grünanlagen, Parks und Wäldern.

3 Trage die folgenden Namen in der Karte richtig ein! Die Berlinkarte auf Seite 56/57 hilft dir. Umrande die Namen in der entsprechenden Farbe!

Forst Spandau – Bucher Forst – Forst Köpenick – Grunewald – Wuhlheide

4 Am Müggelsee liegen die höchsten natürlichen Berge im Stadtgebiet von Berlin. Unterstreiche den Namen und die Höhe.

Deutsches Technikmuseum Berlin (1)

Das Deutsche Technikmuseum Berlin befindet sich in der Trebbiner Straße 9, 10963 Berlin (Kreuzberg). Hier kannst du dich über technische Erfindungen informieren, Vorführungen erleben und selbst Experimente durchführen. Auch Drucken, Weben, Filzen und Papierschöpfen sind interessante Techniken, die man dort ausprobieren kann.
Im Naturpark hinter dem Gebäude befindet sich eine alte Mühle, in der man Getreide malen kann.

1. Suche das Museum auf der Berlin-Karte Seite 56/57. Notiere die Nummer.

In diesem Museum kannst du dich über die Entwicklung der Eisenbahnen informieren und bei besonderen Veranstaltungen an einer großen Modellanlage mitbauen. Das erste hölzerne Schienenfahrzeug, ein sogenannter Hunt, ist zu besichtigen. Du kannst ausprobieren, wie schwer es ist, den Hunt zu bewegen. Im riesigen Lokschuppen stehen viele Eisenbahnen aus verschiedenen Zeiten. In manche Waggons darf man sich auch hineinsetzen.

Du kannst den ersten Computer von Konrad Zuse bestaunen. Dieser Computer ist größer als ein Konzert-Flügel.
Er stammt aus dem Jahr 1938.

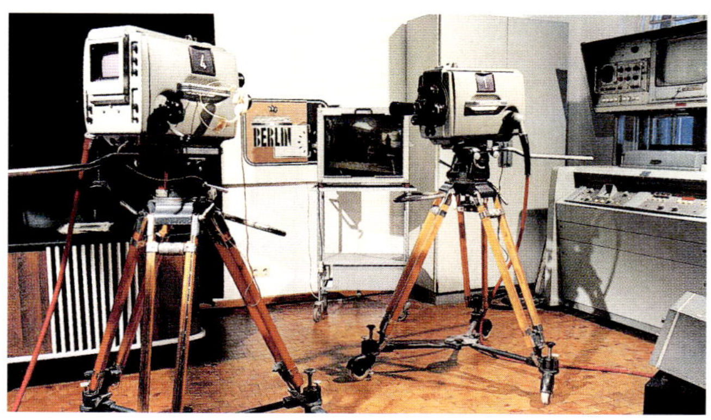

In einem richtigen Fernsehstudio kannst du ausprobieren, wie man eine Fernsehsendung moderiert und aufzeichnet.

2. Diese Seite zeigt nur einen kleinen Ausschnitt aus dem Angebot des Deutschen Technikmuseums Berlin. Informiere dich, was dort noch alles angeboten wird, z. B. über www.dtmb.de. Notiere drei Beispiele:

Die Geschichte der Medien (1)

1 Schneide die beiden Doppelseiten auf dieser Seite an den gestrichelten Linien aus.

2 Falte die Doppelseiten entlang der Linie. Füge sie so zusammen, dass die Seiten 1 bis 8 in der richtigen Reihenfolge liegen und hefte sie zusammen.

Trage in die Tabelle die Jahreszahlen und die dazugehörenden Medien ein.

Jahreszahl	*Medienerfindung*

⑧

Die Geschichte der Medien

①

Die Geschichte des Internets

Die Internettechnologie wurde 1973 ursprünglich für die Datenübertragung zwischen PCs innerhalb des amerikanischen Verteidigungsministeriums entworfen. 1984 wurde die Technik dieses Netzwerkes freigegeben und weiterentwickelt. Seit 1989 gibt es den bekanntesten Bestandteil, das World Wide Web (www).
Das Internet ist mittlerweile der weltweit größte Zusammenschluss von Computernetzwerken. Man schätzt, dass seit dem Jahr 2004 mehr als 500 Millionen Nutzer an das Internet angeschlossen sind.

⑥

Die Geschichte der Tageszeitungen

Der Leipziger Drucker und Buchhändler Ritzsch gab im Jahr 1650 die erste Tageszeitung heraus. Jede Ausgabe hatte vier Seiten und war 13 mal 17 Zentimeter groß. Vor 1650 gab es nur Zeitungen mit handschriftlich notierten Neuigkeiten. Die Zeitungen wurden über Reiterkuriere und Postkutschen befördert.
Am 6. Juni 2000 erschien die Briefmarke der Deutschen Bundespost mit dem Motiv „350 Jahre Tageszeitung".

③

(Falten)

Die Geschichte der Medien (2)

3 Bearbeite die Fragen von Seite 8 in deinem Buch zur Geschichte der Medien.

Die Geschichte des Buches
Der Drucker Johannes Gutenberg gilt als Erfinder des Buchdrucks. Seit dem Jahr 1438 experimentierte der zunächst zum Goldschmied ausgebildete Gutenberg am Druck von Büchern. In den Jahren von 1452 bis 1455 druckte er mit handgesetzten, gleichen Metalltypen und einer Druckpresse die erste Bibel und andere Bücher.

(2)

Die Geschichte der E-Mails
Mit der Schaffung des Internets 1973 entstand die Möglichkeit, zwischen den Computern E-Mails (electronic mail = elektronische Post) zu versenden. Seit der Öffnung des Internets im Jahr 1989 kann sich jeder bei seinem Provider eine E-Mail-Adresse eintragen lassen und damit elektronische Post versenden und empfangen.

Wie wir uns zukünftig informieren
Zukünftig werden die Informationsmöglichkeiten noch vielseitiger. Weiterentwickelte Handys, Taschencomputer und Notebooks bieten die Möglichkeit, sich an jedem Ort zu informieren. Über Funknetze sind die Daten dann überall abrufbar.

(7)

Die Geschichte des Rundfunks und des Fernsehens
Die ersten Rundfunksendungen in Deutschland waren 1917 Musikübertragungen für Soldaten im 1. Weltkrieg. Ab 1923 gab es tägliche Sendungen aus Berlin. 1925 gab es in Deutschland schon über 1 Million Hörer.

Erste große Fernsehsendungen erfolgten 1936 zu den Olympischen Spielen in Berlin. Ab 1952 konnte sich jeder für das öffentliche Fernsehen anmelden. Im Jahr 1967 wurde das Farbfernsehen eingeführt. Seit 1970 gibt es Videorecorder.

(4)

Die Geschichte des Computers und der Speichermedien
Der deutsche Ingenieur Konrad Zuse baute 1936 die erste programmgesteuerte Rechenmaschine. 1943 folgte der erste elektronische Digitalcomputer zum Entschlüsseln von Funksprüchen. Ab 1985 verbreiteten sich Personalcomputer (PCs) sprunghaft im Geschäftsbereich und in privaten Haushalten.

Zur Datenübertragung von einem PC zu einem anderen dienten zuerst Disketten.
Die CD (Compact Disk) wurde 1982 erfunden. Sie speicherte wesentlich größere Datenmengen. Die 1996 erfundene DVD (Digital Versatile Disc) dient zur Übertragung von Videos und Software.

(5)

(Falten)

Deutsches Technikmuseum Berlin (2)

Auch das Spectrum, das Zuckermuseum, die Archenhold-Sternwarte und das Zeiss-Großplanetarium gehören zum Deutschen Technikmuseum Berlin:

Ganz besondere Experimente kannst du im Spectrum gleich neben dem Museumsgebäude in der Möckernstr. 26, 10963 Berlin (Kreuzberg) erleben: Du kannst deinen Körper mit Spiegeln verändern, optische Täuschungen erleben, deine Körperwärme sichtbar machen, deine Ohren testen, mit Musik malen oder deine Haare zum Sträuben bringen.

Das Zuckermuseum findest du in der Amrumer Str. 32, 13353 Berlin (Wedding). Hier kannst du erfahren, in wie vielen verschiedenen Formen Zucker in den Handel kommt und wie man früher Zucker aus Zuckerrüben und Zuckerrohr hergestellt hat.

Die Archenhold-Sternwarte steht in Alt-Treptow 1, 12435 Berlin (Treptow). Sie ist die älteste Schausternwarte Deutschlands. Besonders beeindruckend ist das Linsenfernrohr. Mit einer Länge von 21 Metern ist es das längste Linsenfernrohr der Welt.

Das Zeiss-Großplanetarium ist eines der größten und modernsten Europas. Es steht in der Prenzlauer Allee 80, 10405 Berlin (Prenzlauer Berg). Im großen Kuppelsaal kann man auch am helllichten Tag die Sterne am Nachthimmel mit ihren Bewegungen verfolgen.

4 Suche die Museen auf der Berlinkarte auf Seite 56/57. Notiere die Nummern.

Zuckermuseum: ☐

Archenhold-Sternwarte: ☐

Zeiss-Großplanetarium: ☐

Medien nutzen und anwenden

Alle wichtigen Informationen und aktuellen Nachrichten über die Weltstadt Berlin können über die Internetadresse www.berlin.de abgerufen werden.

Viele Internetseiten informieren ausführlich oder in Kurzform über die Geschichte Berlins.

Klicke dazu auf:
1. Die Hauptstadt
2. Daten, Fakten, Zahlen
3. Geschichte in Kürze
4. Berlin-Chronik

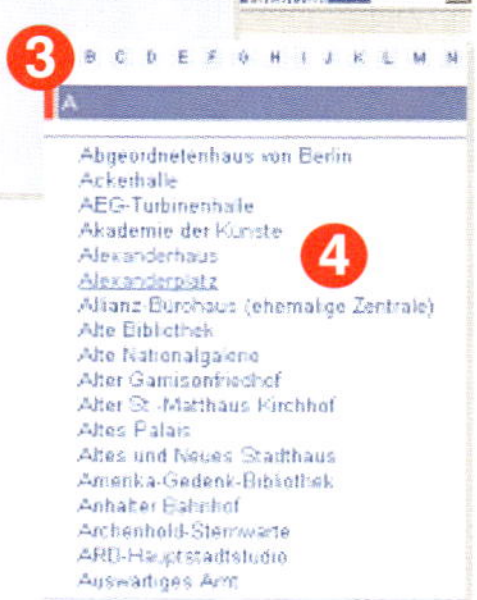

In Berlin gibt es zahlreiche Sehenswürdigkeiten. Um darüber nachzulesen, klicke auf:
1. Berlin
   Tourismus&Hotels
   Sightseeing – mehr
2. Sehenswürdigkeiten – mehr
3. Name (Übersicht alphabetisch geordnet)
4. z. B. Alexanderplatz

Übrigens:

Für Berliner Grundschulkinder ab der 4. Klasse gibt es die Möglichkeit, in den Studios des „Offenen Kanals Berlin" (OKB) selbst eine Sendung zu produzieren, aufzunehmen und in der Öffentlichkeit zu zeigen. Alles wird kostenlos zur Verfügung gestellt: Filmkameras, Scheinwerfer, Mikrofone, aber auch Hilfestellung und Beratung durch Fachleute.
Das Projekt heißt „Kids On Media" = „Kinder gehen auf Sendung".
Weitere Informationen erhaltet ihr über das Internet unter der Adresse www.kids-on-media.de.

1. Stelle mithilfe der Internetadresse fest, wo sich in Berlin das Studio des OKB befindet. Notiere die Anschrift.

____

Ein berühmtes Krankenhaus – die Charité

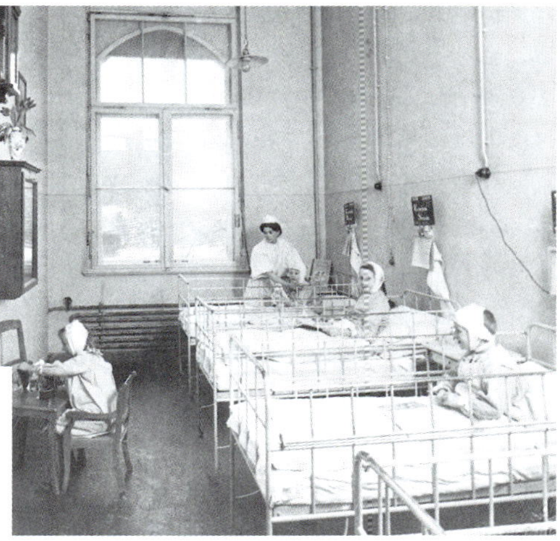

Das heute weithin sichtbare Hochhaus in der Luisenstraße in Mitte gehört zu einem der ältesten Krankenhäuser unserer Stadt, der Charité.

Das erste Gebäude ließ der preußische König Friedrich I., bereits 1710 vor den Toren der damaligen Stadt errichten. Später wurde das Gebäude durch mehrere Häuser ergänzt, in denen zahlreiche berühmte Ärzte arbeiteten. Einer von ihnen war der berühmte Mediziner Rudolf Virchow. Er erforschte Ursachen von Krankheiten und setzte sich sehr für die Verbesserung der Sauberkeit in der Stadt Berlin ein, denn eine funktionierende Straßenreinigung, Müllabfuhr oder Kläranlagen gab es noch nicht. Durch den vielen Schmutz erkrankten viele Menschen.

Zur Charité gehören heute auch Einrichtungen in anderen Bezirken, z. B. die „Klinik und Poliklinik für Kinderchirurgie“ (Augustenburger Platz 1 in Mitte). Dort gibt es verschiedene Stationen, in denen Kinder jeden Alters behandelt werden können. Fachärzte sorgen dafür, dass den jungen Patienten schnell geholfen wird. In besonderen Fällen können die Eltern die ganze Zeit bei ihren Kindern im Krankenhaus bleiben. Gute Verpflegung, Betreuung durch Erzieherinnen, Spielmöglichkeiten auf der Station und in einem Spielhaus sorgen dafür, dass sich die Kinder dort trotz ihrer Erkrankung wohl fühlen.

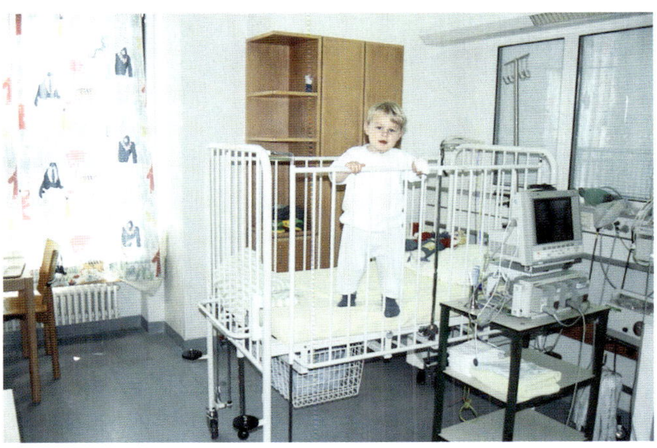

Die Charité ist nur eins von über 40 Krankenhäusern in Berlin.

1. Erkundige dich, wo sich in deiner Wohngegend das nächstgelegene Krankenhaus befindet. Schreibe den Namen des Krankenhauses auf.

____

2. Suche das Hochhaus der Charité auf der Berlinkarte, Seite 56/57. Notiere die Nummer. ☐

Tiere in und an Gewässern

1 Lies die Namen der Tiere. Suche die Tiere auf dem Bild und trage die richtigen Nummern ein.

(1) **Mückenlarven,** (2) **Stockente,** (3) **Mücken,** (4) **Wasserläufer,** (5) **Libelle,**
(6) **Teichrohrsänger,** (7) **Teichfrosch,** (8) **Wasserspitzmaus,** (9) **Käferlarve,**
(10) **Moderlieschen,** (11) **Gelbrandkäfer,** (12) **Teichmolch,** (13) **Rückenschwimmer,**
(14) **Kaulquappen,** (15) **Schlammschnecke,** (16) **Libellenlarve,** (17) **Posthornschnecke,**
(18) **Teichmuschel.**

2 Ordne die Tiere den Tiergruppen zu.

Vögel: ____________________

Säugetiere: ____________________ Fische: ____________________

Amphibien: ____________________

Insekten: ____________________

____

Weichtiere: ____________________

Schutz der Gewässer

In den Seen und Teichen gibt es genügend natürliche Nahrung für Fische und Vögel. Trotzdem füttern Menschen die Enten, Schwäne oder Fische mit altem Brot. Aber das kann für alle Lebewesen in diesen Gewässern zu einer großen Gefahr werden.

1. Betrachte die Bilder und lies die Texte. Nummeriere die Texte in der richtigen Reihenfolge.

☐ Auf dem Grund der Gewässer sammeln sich Futterreste. Beim Abbau entstehen Stoffe, die das Wachstum der Algen fördern. Dadurch veralgt das Wasser, wird trüb und sieht verschmutzt aus.

☐ Durch immer mehr Futterreste und abgestorbene Algen können sich die Gewässer nicht mehr selbst reinigen. Schlammschichten entstehen, die Schadstoffe in das Wasser abgeben. Fische sterben, Vögel werden krank.

☐ Durch Füttern werden zu viele Vögel und Fische am Leben erhalten. Zu viel Kot verschmutzt die Gewässer. Oft wird so viel gefüttert, das nicht alles Brot gefressen wird und auf den Grund absinkt.

Die Ufer vieler Gewässer sind dicht mit Schilf bewachsen. Die vielen Wurzeln der Schilfpflanzen halten den Boden fest und schützen das Ufer. Das Wasser kann den Boden nicht fortspülen. Das Schilf und andere Pflanzen bilden das Röhricht. Dort nisten Wasservögel, wachsen Jungfische geschützt zwischen den Schilfhalmen heran, reinigen unzählbar viele Kleinstlebewesen das Wasser. Deshalb muss das Röhricht geschützt werden.

2. Schreibe auf, wodurch das Röhricht gefährdet wird.

___

___

Wasserstraßen in Berlin

Berlin ist eine Stadt mit zahlreichen Gewässern. Es gibt Seen, Flüsse und Kanäle. Seen und Flüsse sind auf natürliche Weise entstanden. Kanäle wurden künstlich von den Menschen angelegt.

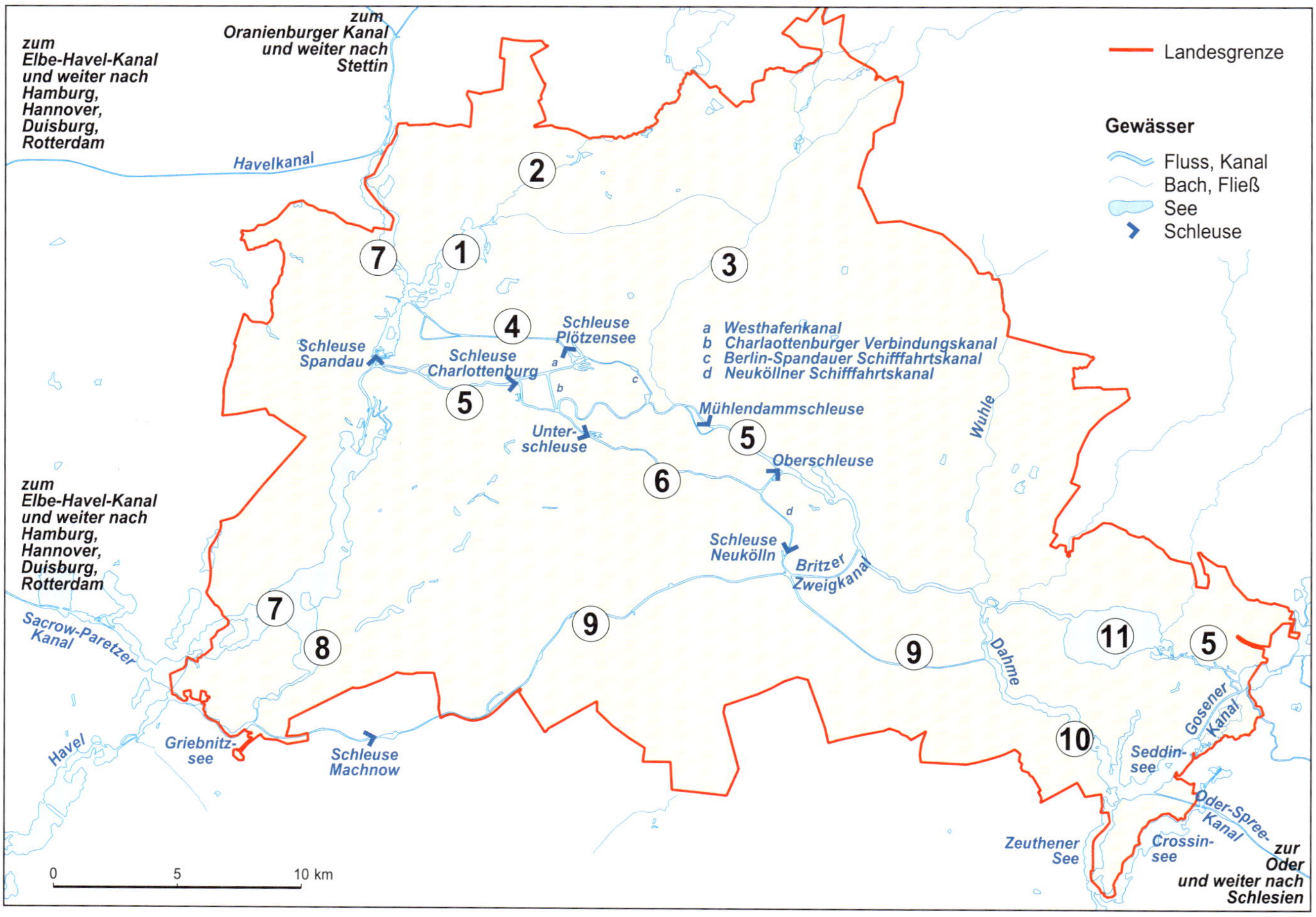

(1) ☐☐☐☐☐☐☐ ☐☐☐

(2) ☐☐☐☐☐☐☐ ☐☐☐☐☐

(3) ☐☐☐☐☐

(4) ☐☐☐☐☐☐☐☐☐☐☐ – ☐☐☐☐☐

(5) ☐☐☐☐☐

(6) ☐☐☐☐☐☐☐☐☐☐☐☐☐

(7) ☐☐☐☐☐

(8) ☐☐☐☐☐☐ ☐☐☐☐☐☐☐

(9) ☐☐☐☐☐☐☐☐☐☐☐

(10) ☐☐☐☐☐☐ ☐☐☐

(11) ☐☐☐☐☐☐ ☐☐☐☐☐☐☐☐☐

1. Trage die Namen der Gewässer, die auf der Karte mit einer Zahl gekennzeichnet sind, in die entsprechenden Kästchen ein. Benutze dazu die Berlinkarte Seite 56/57.
2. Kennzeichne die Kanäle, indem du die Nummernkreise rot ausmalst.
3. Ein Schiff will vom Großen Wannsee zum Seddinsee fahren. Suche einen Weg, der ausschließlich über natürliche Wasserstraßen verläuft.
4. Finde auf einer Atlaskarte die Wasserwege, die von Berlin zu den in der Karte genannten Zielen führen.

Schleusen

Schleuse Plötzensee

1 Überlege, warum Schleusen gebaut werden. Die Skizze hilft dir.

Die Bilder unten links zeigen einen Schleusungsvorgang. Ein Schiff fährt vom unteren Flussabschnitt in den höher gelegenen (Bergfahrt). Die Texte daneben beschreiben die einzelnen Abschnitte der Schleusung.

2 Ordne mit Strichen die Texte den Bildern richtig zu.

3 Ein anderes Schiff ist auf Talfahrt. Es fährt vom oberen in den unteren Fluss. Beschreibe, was geschieht, bis es seine Fahrt auf dem unteren Flussabschnitt fortsetzen kann. Erwähne jeweils beide Schleusentore.

A

B

C

D

(1) Das Schiff ist in der Schleusenkammer. Beide Schleusentore sind geschlossen. Der Wasserstand ist genauso hoch wie im unteren Flussabschnitt.

(2) Ein Schiff fährt vom unteren Flussabschnitt in die Schleusenkammer ein. Tor I ist geöffnet. Tor II ist geschlossen.

(3) Der Wasserstand in der Schleusenkammer hat die Höhe des oberen Flussabschnittes erreicht. Das Tor II hat sich geöffnet. Das Schiff fährt auf dem oberen Flussabschnitt weiter.

(4) Das Schiff ist in der Schleusenkammer. Beide Schleusentore sind geschlossen. Wasser wird in die Schleuse gepumpt. Der Wasserstand in der Schleusenkammer steigt.

4 Schau auf der Karte auf Seite 26 nach, wie viele Schleusen es in Berlin gibt: ____

Vom Brunnen zur Kläranlage

Regenwasser fällt in Flüsse, Seen oder dringt in den Boden ein. Dort wird es von den Pflanzen aufgenommen oder versickert im Erdreich. Dabei werden viele Schmutzteilchen, die im Wasser waren, durch Kies- und Sandschichten herausgefiltert. Das durch die Natur vorgereinigte Grundwasser ist gut geeignet für die Gewinnung von Trinkwasser. Reicht das Grundwasser nicht aus, muss auch Wasser aus Flüssen entnommen werden.

Das Flusswasser kann aber erst dann zur Trinkwassergewinnung genutzt werden, wenn es in Ufernähe durch den Ufersand und Uferkies gesickert ist. Dadurch wird, wie beim Regenwasser, die Filterwirkung des Bodens genutzt.
Über Pumpen wird das Grundwasser aus Brunnen in das nächste Wasserwerk gepumpt. Hier wird es zu Trinkwasser aufbereitet, das farblos, klar und geruchlos sein muss.

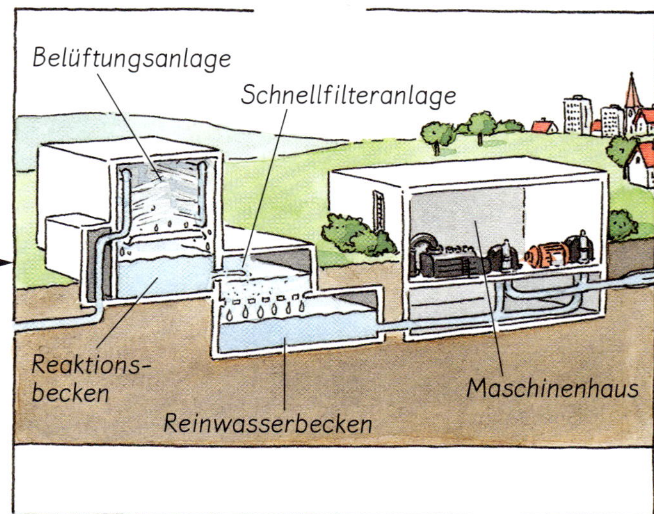

In Berlin sorgen neun mit moderner Technik ausgestattete Wasserwerke für ausreichend Trinkwasser, das ausschließlich aus Grundwasser gewonnen wird. Die Wasserwerke liegen an Seen, Flüssen oder in größeren Waldgebieten. Der durchschnittliche tägliche Wasserverbrauch lag im Jahr 2003 bei 121 Litern pro Person. Wenn Trinkwasser genutzt wurde, wird es zu Abwasser.

1 Die Grafiken zeigen den Weg des Wassers vom Brunnen bis zur Kläranlage. Beschrifte die Grafiken mit folgenden Begriffen:
Grundwasserbrunnen – Klärwerk – Uferfiltratbrunnen – Wasserwerk – Wasser als Reinigungsmittel – Wasser als Lebensmittel – Wasser als Transportmittel

In vielen Stadtteilen von Berlin werden Abwasser und Regenwasser in zwei voneinander getrennten Kanälen gesammelt und abgeleitet. Die Regenwasserkanäle nehmen die gefallenen Niederschläge auf und leiten das Wasser in den nächsten Fluss, See oder Teich.
Das Abwasser (Schmutzwasser) aus den Wohnungen und Fabriken gelangt in Abwasserkanäle. Das Abwasser wird von Pumpwerken zu einem der sechs Berliner Klärwerke gepumpt. Hier durchläuft es verschiedene Reinigungsstufen, bevor es in Flüsse oder Kanäle eingeleitet wird.

2 Informiere dich, welches Wasser- und Klärwerk in der Nähe deiner Schule liegt.

3 Überlege, wie kostbares Trinkwasser gespart werden kann.

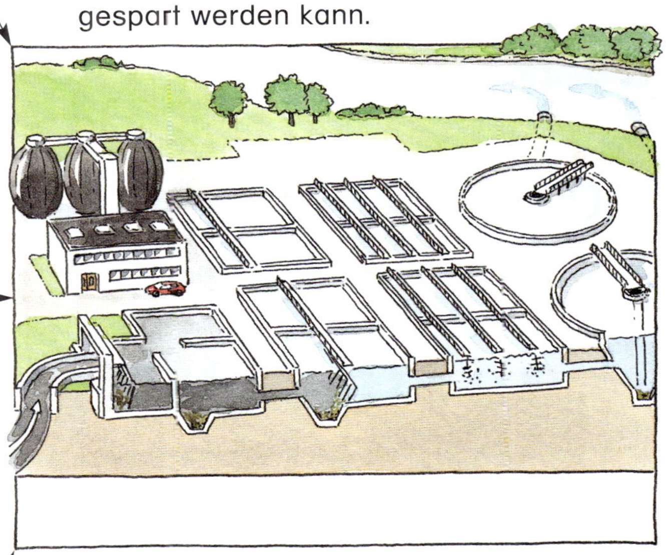

Informationen über die Berliner Wasserbetriebe (z. B. zu den Wasser- und Klärwerken Berlins) können Internetnutzer über die Adresse www.bwb.de einholen.

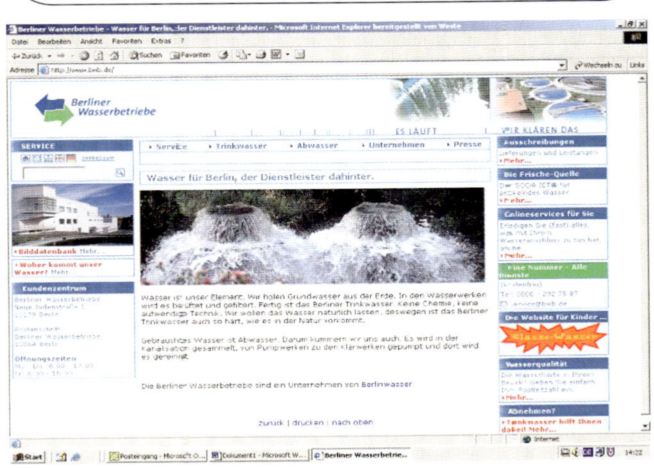

Eine Reise in die Vergangenheit

1. Schneide auf Seite 31 die beiden Teile der Zeitleiste auseinander.
2. Klebe die beiden Teile passend an den Mittelteil der Zeitleiste auf dieser Seite an. Achte dabei auf die richtige Reihenfolge der Jahreszahlen
3. Wenn die beiden Teile fest angetrocknet sind, falte sie zur Seitenmitte, damit sie sich in der Mappe befinden. Wenn die Seite benötigt wird, kannst du sie wieder nach außen klappen.

Die Dörfer Berlin und Cölln.
Gründungsjahr der Stadt Berlin.
1200
1300
1400

Reichsstraße 1
Kauft nicht bei Juden!
Hitler und die Nationalsozialisten übernehmen die Macht in Deutschland.
Ende des 2. Weltkriegs.
Transit-visum
Ende der Berliner Blockade.
Öffnung der Berliner Mauer und der gesamten Grenze.
Fußball WM-Endspiel.
1900
2000
Die erste Eisenbahn in Berlin.
Polen
Beginn des 2. Weltkriegs durch den Angriff auf Polen.
Blockade Berlins durch die Sowjetunion. Die Amerikaner und Briten richten die Luftbrücke ein.
Bau der Mauer in Berlin.
Umzug des Bundestags.
Bonn – Berlin
Die Wiedervereinigung der beiden Teile Deutschlands.
ICE

Die Dörfer Berlin und Cölln

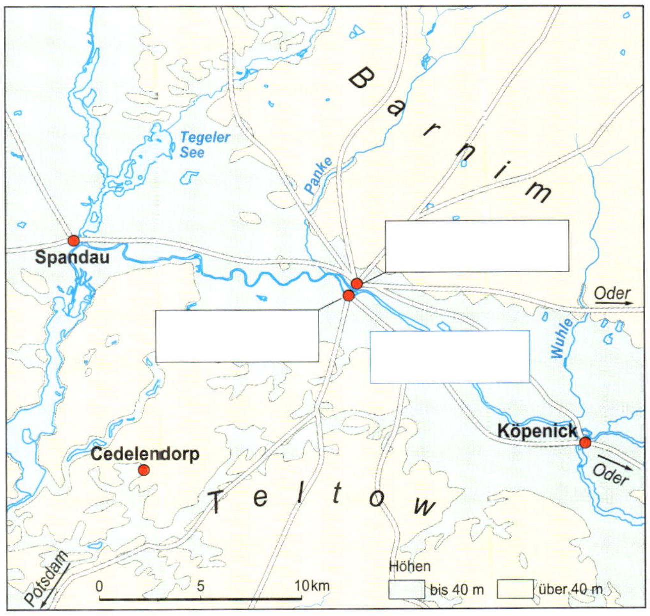

Es ist um das Jahr **1200**. Zwischen den Höhenzügen Barnim und Teltow schlängelt sich die Spree durch das überwiegend sumpfige Urstromtal.
Nördlich der Spree verläuft ein sandiger Weg, auf dem Händler mit Ochsenkarren ihre Waren zwischen Spandau und Köpenick befördern. Auf einem anderen Weg transportieren Kaufleute ihre Güter von der Ostsee im Nordosten nach Potsdam und weiter bis Leipzig nach Süd-Westen. Dabei müssen sie die Spree überqueren. An der Stelle, wo der Fluss sich verzweigt und zwei Inseln bildet, ist er sehr flach. An dieser Furt kann man leicht von einem Ufer zum anderen gelangen.
Auf Befehl des Markgrafen haben Siedler an dieser Stelle mit dem Bau von zwei Dörfern begonnen und die ersten Holzhäuser errichtet. Später erleichtern Brücken und eine Fähre das Überqueren des Flusses. Die Händler sind froh, hier eine Rast einlegen zu können. Denn ein Fuhrwerk benötigt allein für den Weg von Köpenick nach Spandau einen Tag. Die Händler bieten nun auch hier ihre Waren an. Schon bald ist ein wichtiger, neuer Marktplatz entstanden. Zur Sicherung gegen Überfälle sind die beiden Dörfer von Holzpalisaden umgeben. Das Dorf auf der südlichen Insel heißt Cölln, das auf der nördlichen Insel Berlin. Am nördlichen Rand von Berlin legt der Markgraf, der das Land verwaltet, seinen Hof an.

1. Unterstreiche im Text die Worte, die du nicht kennst. Schlage in einem Lexikon ihre Bedeutung nach.
2. Trage die Namen, Berlin, Cölln und Spree in die Karte ein.
3. Zeichne die beschriebenen Handelswege farbig nach.
4. Ergänze die **Jahreszahl** auf der Zeitleiste auf Seite 30.

Übrigens:

In Steglitz-Zehlendorf liegt das Museumsdorf Düppel. Es wurde zur gleichen Zeit wie Berlin und Cölln gegründet. Das Museumsdorf zeigt, wie die Menschen damals gelebt haben.

Die Städte Berlin und Cölln

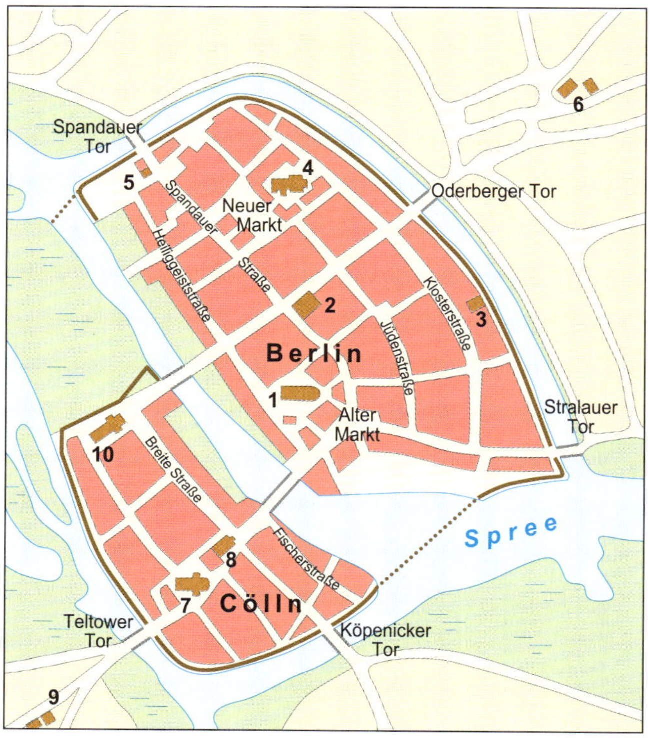

Bebautes Gebiet
Wiese, Sumpf
Feld
Stadtmauer

1 Nicolaikirche
2 Berliner Rathaus
3 Franziskanerkloster
4 Marienkirche
5 Heiliggeistspital
6 Georgenspital
7 Petrikirche
8 Cöllner Rathaus
9 Gertraudenspital
10 Dominikanerkloster

Ältestes Siegel der Stadt

0 200 400 m

Im Jahre **1237** wurde Cölln das erste Mal in einer Urkunde als Stadt erwähnt. Deshalb gilt 1237 als Gründungsjahr der Stadt Berlin.

100 Jahre später ist aus den beiden Dörfern die Doppelstadt Berlin-Cölln geworden. Das Bild oben zeigt sie mit dem Spandauer Tor im Vordergrund.

1. Vergleiche den Stadtplan mit dem Bild. Male in den Stadtplan an die Stelle ein Kreuz, von wo der Zeichner die Stadt so gesehen haben könnte.
2. Finde auf dem Bild und dem Plan die Marienkirche und die Nicolaikirche. Beide gibt es noch heute. Trage ihre Namen oben im Bild richtig ein.
3. Beschreibe, wie die Stadt gegen Überfälle gesichert war.
4. Schreibe die Namen der 5 Stadttore auf.

____

____

____

5. Wie alt ist unsere Stadt heute? _______________
6. Ergänze die **Jahreszahl** auf der Zeitleiste auf Seite 30.

Der Große Kurfürst holt Ausländer

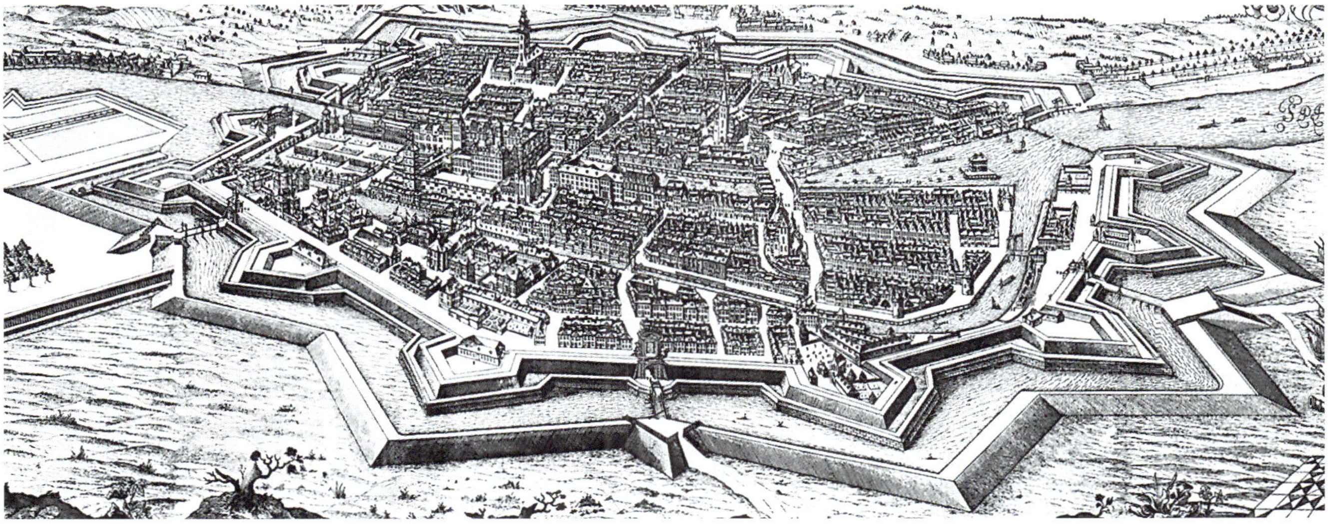

Berlin im Jahre 1685

Auf unserer Reise in die Vergangenheit sind wir im Jahre **1685** angekommen. Die obere Abbildung zeigt unsere Stadt zu dieser Zeit. Berlin ist größer geworden. Eine mächtige Festungsanlage schützt die Stadt vor Feinden. In der Mark Brandenburg regiert der Große Kurfürst. Er wohnt in einem Schloss im Stadtteil Cölln. Durch Krieg und Krankheiten wie die Pest war die Einwohnerzahl Berlins von 12000 auf 6000 zurückgegangen.
In Frankreich werden seit 1685 über 200000 Hugenotten vertrieben, die sich dem katholischen Glauben nicht anschließen wollen. Der Große Kurfürst erlaubt im Edikt (Vertrag) von Potsdam 12000 Hugenotten, nach Brandenburg zu kommen. 6000 von ihnen siedeln sich in Berlin an. Hier finden sie eine neue Heimat. Sie errichten ihre Häuser vorwiegend in der Dorotheenstadt und in der Friedrichstadt, außerhalb der Festungswerke.
Durch den Zuzug der Hugenotten lernen die Berliner neue Berufe kennen. Die Flüchtlinge aus Frankreich führen neue Färbetechniken, Stoffdruck und die Seidenfabrikation ein, sie weben Tapeten für die Schlösser der Adeligen und die guten Stuben der wohlhabenden Bürger.
Die Berliner Handwerker sahen in den fremden Handwerkern anfangs Konkurrenten, dann aber auch ihre Lehrmeister.

1. Suche auf der oberen Abbildung die Stadtteile Berlin und Cölln.
2. Male oben im Bild die Spree und die Wassergräben mit einem blauen Stift an.
3. Betrachte den Kurfürsten und die Hugenotten. Überlege, warum der Kurfürst die Flüchtlinge so freundlich begrüßt.
4. Ergänze die **Jahreszahl** auf der Zeitleiste auf Seite 30.

Der Große Kurfürst begrüßt Hugenotten in Berlin

Berlin wird Industriestadt

Adolph von Menzel: Das Eisenwalzwerk (1875)

In Berlin wurde **1793** die erste Dampfmaschine aufgestellt. Eine Dampfmaschine konnte gleichzeitig viele Maschinen antreiben, die zuvor mühsam von Menschen in Bewegung gesetzt werden mussten. In den folgenden Jahrzehnten entstanden immer mehr Fabriken mit neuen Maschinen. Gleichzeitig wurden immer mehr Arbeitskräfte benötigt, um die Maschinen zu bedienen.
So kamen viele arme Menschen vom Land in die Stadt. Sie erhofften sich dort Arbeit, Lohn und bessere Lebensbedingungen.
Die Wirklichkeit sah meistens anders aus.

1. Seht euch das Bild oben genau an. Es zeigt Arbeiter in einer Fabrik, in der Eisenbleche hergestellt werden. Beschreibt, was sie tun.

2. Vergleicht die Arbeitszeit von Vater Wenzel mit der Arbeitszeit eurer Eltern.

3. Was geschieht, wenn sich heute jemand während der Arbeitszeit verletzt?

4. Ergänze die **Jahreszahlen** auf der Zeitleiste auf Seite 30.

„Vater Wenzel wird von einer Maschinenfabrik als Arbeiter eingestellt. Sein Traum von höherem Lohn und leichterer Arbeit erfüllt sich nicht. 12 bis 16 Stunden beträgt die Arbeitszeit am Tag, oft muss er auch sonntags in die Fabrik. Obwohl auch die drei ältesten Kinder von 12, 10 und 9 Jahren in der Fabrik mitarbeiten, kommen oft nur Kartoffeln, Haferbrei oder eine Suppe auf den Tisch. Die Kinder erhalten noch weniger Lohn als der Vater. Als August Wenzel mit der Hand in eine Maschine gerät, wird er entlassen. Krankengeld oder Arbeitslosenunterstützung gibt es noch nicht. Nun muss Mutter Wenzel in der Fabrik arbeiten."

Die Erfindung der Dampfmaschine leitete auch die stürmische Entwicklung der Eisenbahn ein. Die erste Eisenbahn in Berlin fuhr **1838** vom Potsdamer Tor in Berlin nach Potsdam.

„Im Sommer um 5 oder 6 Uhr im Winter um 6 oder 7 Uhr ruft die Glocke das Kind in die Fabrik. Sobald es in dem Fabrikhause angekommen ist, geht es an die Maschine und verrichtet sein Geschäft. Nach kurzer Zeit spinnt und spult, klopft und hämmert es maschinenmäßig fort, bis die Mittagsglocke die Arbeiter eine Stunde entlässt. Das Kind eilt nach Hause, verzehrt sein mageres Mittagsbrot wandert um 1 Uhr wieder seinem Kerker zu und setzt seine Tätigkeit von Minute zu Minute und von Stunde zu Stunde, bis 7 oder 8 Uhr am Abend fort. Das ist der Beruf der Kinder am Montag, Dienstag, Mittwoch, Donnerstag, Freitag und Samstag, täglich nicht weniger als 12 bis 14 Stunden, das ganze Jahr hindurch. Nachdem das Fabrikkind den ganzen bösen langen Tag den Faden gezogen hat, wird der Hunger mit Brot und Kartoffeln gestillt und nun geht es nach der fern liegenden Abendschule, wo eine neue Qual der Kinder wartet.“ *(Diesterweg, 1827)*

1. Beschreibe die Arbeitsbedingungen der Kinder im Jahr 1827 mithilfe des Textes und des Bildes oben.

2. Unterstreiche im Text jeweils den Beginn und das Ende der Arbeitszeiten und rechne die Gesamtzeit aus.

Kleinmuttchen: „Wat? – ne Stulle willste? – ne Backpfeife kannste krieg'n – und dann hopps ins Bett!“

„Mutter, een Schmetterling!“

Am Ende des 19. Jahrhunderts war Kinderarbeit bereits verboten. Dennoch waren die Lebensbedingungen für sehr viele Kinder immer noch sehr hart. Der Berliner Zeichner Heinrich Zille (1858 – 1929) zeigt dies in seinen Bildern.

3. Was erfährst du über das Leben der Kinder vor etwa 120 Jahren in den ärmeren Stadtteilen?

Der Nationalsozialismus

Anfang des Jahres 1933 übernahmen die Nationalsozialisten, Hitler und seine Partei, die Macht in Deutschland.
Dieses Ereignis feierten die Anhänger. Sie marschierten mit Fackeln, Gesang und Fahnen durch das Brandenburger Tor.
Die Nationalsozialisten, auch Nazis genannt, versprachen den Menschen ein besseres Leben: Arbeit und Wohlstand und vor allem Ordnung. Viele Leute glaubten ihnen.

Doch schon kurze Zeit nach ihrem Machtantritt begannen die Nazis mit Einschüchterung, Terror und Gewalt zu regieren.
Hitler und seine Partei bestimmten, welche Nachrichten im Radio gesendet wurden, welche Zeitungen erscheinen und welche Künstler und Schriftsteller arbeiten durften.

Auf dem Opernplatz, mitten in Berlin, verbrannten die Nazis 1933 ungefähr 20 000 Bücher von Schriftstellern, die ihnen aus politischen Gründen nicht gefielen. Vermutlich als Einziger war Erich Kästner als Zuschauer bei der Verbrennung seiner Bücher dabei.

Die Nationalsozialisten bestimmten auch, was die Menschen in ihrer Freizeit zu tun hatten. So war es Pflicht, zu Aufmärschen, Paraden und Kundgebungen zu gehen.
Die Menschen mussten sich Hitlers Reden und die seines Propagandaministers Goebbels anhören, Spenden sammeln und die Hakenkreuzfahne aus dem Fenster hängen, wenn sie dazu aufgefordert wurden.
Alle Mädchen und Jungen im Alter von 14 bis 18 Jahren mussten sich dem Bund Deutscher Mädel (BDM) oder der Hitlerjugend (HJ) anschließen. Die 10- bis 14-jährigen waren bei den Jungmädeln bzw. beim Jungvolk. Dort wurden sie bereits planmäßig auf den Krieg eingestimmt und vorbereitet.
Wenn die Eltern ihre Kinder nicht anmeldeten, mussten sie damit rechnen, eine hohe Geldstrafe zu zahlen oder eingesperrt zu werden.

1 Schreibe folgende Texte unter die entsprechenden Fotos: **Bücherverbrennung – Verhafteter Nazi-Gegner – Jungvolk – Aufmarsch nach Machtergreifung.**

Während der Nazizeit wurden Millionen von Menschen bespitzelt und angezeigt (denunziert), verfolgt, verhaftet und in den Vernichtungslagern umgebracht. Opfer waren vor allem jüdische Mitbürger und die politischen Gegner der Nazis.

Die folgende Geschichte aus dem Buch „Judith und Lisa" – geschrieben von Elisabeth Reuter – berichtet über Kindheit und Schulzeit während der Naziherrschaft:

„Judith und Lisa waren die besten Freundinnen, die man sich denken konnte. Sie wohnten einander gegenüber. Lisa und Judith kamen zusammen in die Schule und sie saßen nebeneinander…
Die Freundschaft von Judith und Lisa wurde immer wieder auf die Probe gestellt. In der Pause sprangen die Kinder alle um Judith herum und schrien „Judenmädchen, Judenmädchen!" Lisa aber rannte zu Judith und legte schützend den Arm um sie. Da wurden die Kinder still…
Judith durfte nicht mehr mit Lisa in die Badeanstalt gehen und sie sollte auch nicht mehr mitturnen. Und eines Tages konnte man an der Apotheke von Judiths Eltern ein Schild lesen: „Deutsche! Wehrt Euch! Kauft nicht beim Juden!"
„Spiel nicht mehr so oft mit Judith", sagte Lisas Mutter ängstlich, „es muss ja nicht unbedingt dieses Mädchen sein!" Lisa und Judith mussten sich Geheimzeichen ausdenken, wenn sie sich besuchen wollten…
Am Morgen, als Lisa am Fenster stand und wie immer zu Judiths Haus hinüberblickte, sah sie entsetzt, dass die Apotheke völlig verwüstet war. Vieles lag zertreten, zerfetzt und zersplittert auf dem Bürgersteig. Die Tür stand weit offen…"

1. Was war mit Judith und ihren Eltern geschehen? Diskutiert über eure Vermutungen.
2. Besorgt euch das Bilderbuch in der Stadtbücherei. Lest die ganze Geschichte und auch das Nachwort.
3. Versucht euch in die Lage der beiden Kinder zu versetzen. Welche Gedanken und Gefühle hättet ihr als Judith und Lisa gehabt?

Im Jahre **1939** gab Hitler von Berlin aus den Befehl, Polen anzugreifen.
Der Zweite Weltkrieg begann. Er brachte Leid, Not und Tod.
Mehr als 50 Millionen Menschen kamen ums Leben.
Millionen erlitten so starke Verwundungen, dass sie für immer behindert waren.
Berlin war nach sechs Kriegsjahren eine Trümmerwüste.

Ergänze die **Jahreszahlen** auf der Zeitleiste auf Seite 30.

Berlin 1945

Der furchtbare Zweite Weltkrieg, der von Hitler begonnen worden war, ging im Mai **1945** zu Ende. Die Stadt Berlin sah jetzt wie ein riesiges Trümmerfeld aus. Die Menschen litten große Not. Jedes fünfte Haus und fast die Hälfte aller Wohnungen waren völlig zerstört und nicht bewohnbar. Durch den Schutt führten keine Straßen mehr, sondern nur noch Trampelpfade. Die Busse, Straßenbahnen sowie die U-Bahnzüge waren durch Bomben vernichtet oder beschädigt. Einige Bahntunnel standen unter Wasser. Viele Brücken waren noch in den letzten Tagen des Krieges gesprengt worden. Auf den Straßen standen in langen Schlangen die Menschen mit Eimern an den Wasserpumpen, denn es gab kein Wasser aus der Leitung.
Erst nach Wochen setzte die Versorgung der Bevölkerung mit Strom und Gas wieder ein.

1. Erkläre, weshalb die Berliner am Ende des Krieges Steglitz in „Stehtnix“ und Charlottenburg in „Klamottenburg“ umbenannt hatten.

   ____

   ____

   ____

2. Vor dem Krieg gab es 1,5 Millionen Wohnungen. Wie viele waren nach dem Krieg nicht mehr bewohnbar?

   ____

3. Ergänze die **Jahreszahl** auf der Zeitleiste Seite 30.

Ein Berliner – damals ein zehnjähriger Junge – erinnert sich an die Zeit nach dem Zweiten Weltkrieg. „Meine Mutter, denn Vater war noch nicht aus dem Krieg zurück, meine beiden Geschwister und ich wohnten in einem kleinen Zimmer.
Da standen zwei Betten, ein runder Tisch, drei Stühle und eine Kommode. Waschen mussten wir uns alle aus einer Schüssel. Fließendes Wasser gab es noch nicht.
Damals trug ich eine Hose, die aus einem Vorhang gemacht war. Die Strümpfe waren zu groß, ebenso die Schuhe, die darum vorne mit Zeitungspapier ausgestopft wurden. Das Hemd passte mir überhaupt nicht; es war von einem Onkel.
Bomben hatten die Schule zerstört. Der Unterricht fand deshalb in einem großen Saal statt. Dort war es häufig sehr kalt und dann durften wir uns nicht hinsetzen. 66 Kinder trampelten mit den Beinen, um sich warm zu halten.
Kohlen hatten wir nicht. Aber trotzdem bin ich gern in die Schule gegangen wegen der Schulspeisung. Zu Hause hatten wir nämlich sehr wenig zu essen. Manchmal gab es nur drei Scheiben Brot am Tag.
Mein großer Bruder hat sich aus alten Teilen ein Fahrrad zusammengebaut. Als Reifen zerschnitt er einen alten Gartenschlauch und füllte ihn mit Sand.
Man kann sich das heute wohl kaum noch vorstellen!“

Nach Kriegsende reichten die Lebensmittel für die Berliner nicht mehr aus. Um eine gerechte Verteilung der knappen Nahrungsmittel zu erreichen, wurden Lebensmittelkarten für die Bevölkerung ausgegeben. Aber die erhaltenen Lebensmittelrationen (Zuteilungen) waren zum Leben zu wenig.
Um nicht zu verhungern, versuchten viele Berliner in den nächsten Jahren durch **„Hamsterfahrten“** in die Umgebung der Stadt oder durch Tausch auf dem **„Schwarzen Markt“** den zu geringen täglichen Verpflegungssatz aufzubessern. Hier wurden „Wertgegenstände“ wie Bügeleisen, Kochtöpfe, Oberhemden und Schmuck gegen Lebensmittel eingetauscht: ein Pullover gegen Kartoffeln und Sirup, ein Kinderrock für ein Stück Speck. Das war nicht ungefährlich, weil der Tauschhandel verboten war.
Viele Leute „klauten“ auch, zum Beispiel Kohlen von den einfahrenden Zügen. Heizmaterial war Mangelware!
Zur Verbesserung der Lebensmittelversorgung der Bevölkerung wurde der Tiergarten gerodet und in Ackerland umgewandelt. Hier konnten Kartoffeln, Getreide und Gemüse geerntet werden. Aber auch das brachte nur wenig Erleichterung.
Die Mauersteine wurden mit dem Hammer sauber abgeklopft. Die Trümmerreste, die für den Wiederaufbau nicht mehr zu verwenden waren, kamen auf Schutthalden. So entstanden im Laufe der Jahre z. B. der Teufelsberg

und der Insulaner. Die Berliner bauten sich ihre Berge selbst. Die harte Aufbauarbeit wurde zunächst überwiegend von Frauen geleistet, weil viele Männer im Krieg gefallen oder noch in der Gefangenschaft waren. Ohne diese 40 000 bis 60 000 „Trümmerfrauen“ hätten die schweren Aufräumarbeiten nicht so schnell bewältigt werden können.

4 Welches bekannte Denkmal kannst du auf dem Bild in der Mitte erkennen?

Die Viersektorenstadt – Berlin 1945

Nach Beendigung des Zweiten Weltkrieges im Jahre 1945 wurde Berlin von den vier Siegermächten besetzt. Das waren die Sowjetunion (heute Russland und andere Staaten), die USA, Frankreich und Großbritannien. Die Stadt wurde in vier Sektoren (Bereiche) aufgeteilt. Dabei richtete man sich nach den Grenzen der Stadtbezirke.

Vier Stadtkommandanten überwachten und verwalteten die Stadt Berlin gemeinsam. Doch bald hatten die drei westlichen mit dem sowjetischen Befehlshaber Meinungsverschiedenheiten, zum Beispiel über die Pressefreiheit. Drei Jahre später hatte Berlin zwei Verwaltungen, nämlich eine westliche und eine sowjetische.

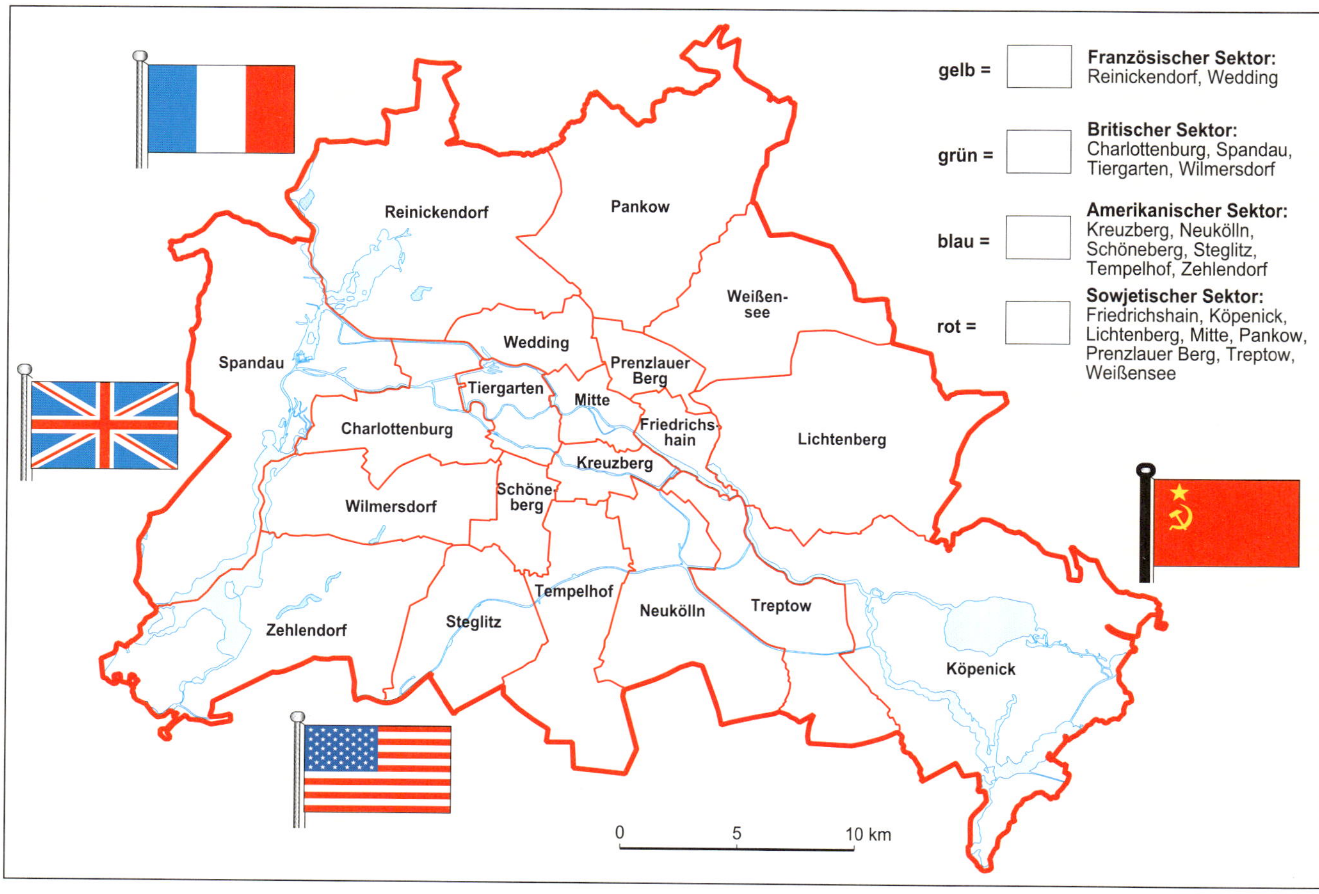

1. Male die vier Sektoren mit Buntstiften in den richtigen Farben an.

2. Markiere die Grenze zwischen den drei westlichen und dem sowjetischen Sektor mit einem schwarzem Stift.

3. Zu welchem Sektor gehörte der Ortsteil, in dem du wohnst?

____

4. Aus welchen der vier Sektoren entstanden damals West-Berlin und Ost-Berlin?

West-Berlin:

____

____

____

Ost-Berlin:

____

Im Juni **1948** sperrten die sowjetischen Behörden alle Land-, Wasser- und Schienenwege in die Westsektoren. Jetzt konnten keine lebenswichtigen Güter mehr in die Stadt transportiert werden und die Vorräte reichten nur für einige Wochen.
Daraufhin ordnete der amerikanische General Clay an, dass mit Flugzeugen Lebensmittel, Kohlen und andere Versorgungsgüter für die über zwei Millionen Einwohner eingeflogen werden sollten. Die Luftbrücke wurde eingerichtet.
Bald nahmen auch britische Flugzeuge teil. Tag und Nacht flogen die „Rosinenbomber“ nach Berlin; sie landeten häufig in Abständen von 1 bis 2 Minuten. Im Mai **1949** war die Blockade zu Ende. Die Schranken an den Grenzen fielen und die ersten Züge und Lastwagen rollten wieder nach West-Berlin.
Während der Luftbrücke verloren über 70 Amerikaner, Briten und Deutsche durch Unglücksfälle ihr Leben. Zum Gedenken an diese Opfer und zur Erinnerung an die Blockade steht vor dem Flughafen in Tempelhof das Luftbrückendenkmal. Der Berliner nennt es „Hungerharke“.

5 Wie viele Monate dauerte die Blockade? ____________

6 Ergänze die **Jahreszahlen** auf der Zeitleiste Seite 30.

Zehn Jahre war ich alt, als die Blockade begann ... So richtig zu hungern brauchte dank der alliierten Flieger keiner von uns, aber das, was wir zu essen bekamen, war so beschaffen, dass alle immer wieder stöhnten: „Und wenn sich Tisch und Bänke biegen, wir werden den Fraß schon runterkriegen.“ Das lag daran, dass die meisten Nahrungsmittel, um beim Transport weniger Platz einzunehmen, vorher getrocknet und pulverisiert worden waren, wie Trockenkartoffeln, Trockenfisch, getrocknete Bohnen, Mohrrüben und Pflaumen, Suppen- und Eipulver. Viel Mehl und Graupen aßen wir damals, auch Weiß- und Wirsingkohl, und das hatte zur Folge, dass man andauernd pupsen musste. Zu diesem Zweck hatte man das Zimmer zu verlassen und auf den Korridor zu gehen.
Quelle Horst Bosetzky, Tagesspiegel vom 26.6.1998

Leben mit der Mauer

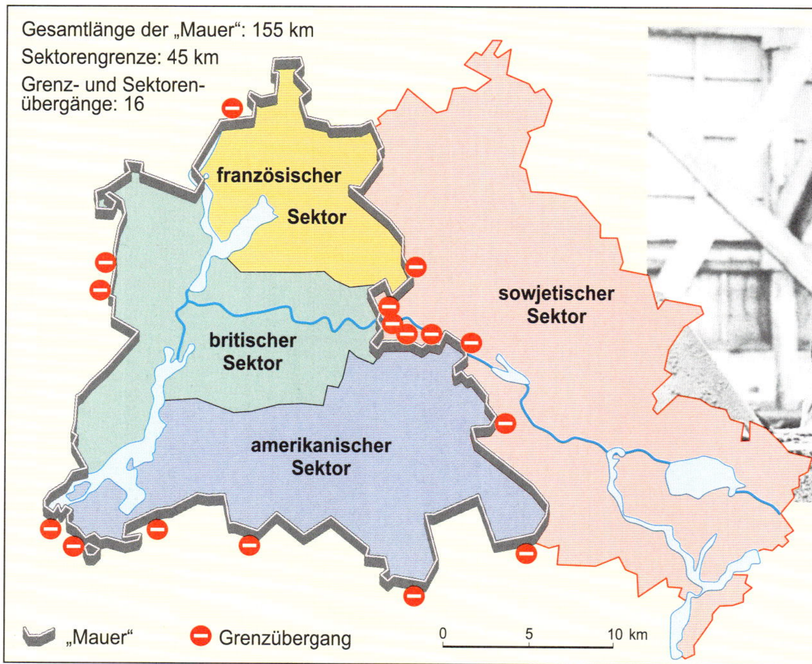

Seit der Teilung unserer Stadt in West- und Ost-Berlin konnten die Bewohner zunächst noch den jeweils anderen Teil ihrer Stadt betreten. Die öffentlichen Verkehrsmittel fuhren von Ost- nach West-Berlin und umgekehrt. Verwandte und Freunde konnten sich gegenseitig besuchen. Da die Versorgung mit Nahrungsmitteln für die Menschen in Ost-Berlin schlechter war als in West-Berlin und sie in ihrer Meinungsfreiheit stark eingeschränkt waren, flüchteten immer mehr Menschen aus Ostdeutschland und Ost-Berlin in den Westteil der Stadt. Bis zum Juni 1961 waren es insgesamt über 2,6 Millionen. Deshalb ließ die Regierung der DDR am 13. August **1961** alle Verbindungen zwischen West- und Ost-Berlin sperren. Zwischen den beiden Stadthälften wurde eine Mauer gebaut, ebenso zwischen West-Berlin und der angrenzenden DDR. Seitdem durften die Bewohner Ost-Berlins den Westteil ihrer Stadt nicht mehr betreten. Selbst Verwandte durften sich nicht mehr besuchen. In den folgenden Jahren wurde die Mauer immer weiter zu einer Grenzbefestigung ausgebaut. Allein um West-Berlin hatte sie eine Länge von 155 km und bestand aus einer äußeren Grenzmauer und einer inneren Grenzmauer. Dazwischen lag der „Todesstreifen“ auf dem die Grenzsoldaten darüber wachten, dass kein Bewohner Ost-Berlins mehr in den Westen flüchtete.

Viele Menschen versuchten trotzdem die Grenzanlagen zu überklettern, Grenzflüsse zu durchschwimmen oder auf anderen abenteuerlichen Wegen in den Westen zu gelangen. Manchen ist es geglückt. Hunderte wurden bei ihren Fluchtversuchen erschossen oder festgenommen und eingesperrt.
Die West-Berliner durften ihre Stadt in Richtung Westen nur über wenige Straßen verlassen und mussten an den Grenzen ihre Ausweise und Fahrzeuge kontrollieren lassen. Das führte zu stundenlangen Staus an den Grenzübergangsstellen.
Nach Ost-Berlin und in die DDR durften West-Berliner zunächst gar nicht mehr fahren. Ab **1972** bis zum Fall der Mauer war dieses nur mit besonderer Genehmigung und gegen Zahlung von 25 DM pro Tag erlaubt.

1. Fragt eure Eltern oder Großeltern, wie sie die Zeit der Mauer erlebt haben.

2. Es gibt ein spannendes Buch über diese Zeit, das die Freundschaft eines Jungen aus Ost-Berlin mit einem Mädchen aus West-Berlin beschreibt:
Klaus Kordon, Die Flaschenpost.

3. Ergänze die **Jahreszahlen** (Seite 44/45) auf der Zeitleiste Seite 30.

Die Mauer wird geöffnet

28 Jahre lang war Berlin durch die Mauer geteilt. Aber die Bewohner Ost-Berlins und der DDR forderten immer wieder Reisefreiheit in den Westen, Meinungsfreiheit und den Abbau der Grenzanlagen.
Im Herbst 1989 flüchteten über 200 000 Menschen aus der DDR über Ungarn, Polen, die Tschechoslowakei und Österreich in die Bundesrepublik Deutschland. In den Städten der DDR forderten Hunderttausende von Bürgern auf Demonstrationen Reisefreiheit in den Westen, Meinungsfreiheit und freie Wahlen. Daraufhin sah sich die Regierung der DDR gezwungen, am 9. November 1989 die Grenzen endlich zu öffnen. Noch in derselben Nacht strömten Tausende von DDR-Bürgern in Berlin über die Grenzübergänge. Berlin feierte in dieser Nacht ein großes Fest des Wiedersehens.
Seit 1990 ist der 3. Oktober ein Feiertag in Deutschland – zur Erinnerung an die Wiedervereinigung der beiden Teile Deutschlands an diesem Tag.
Heute ist von der Mauer kaum noch etwas zu sehen. Nur an wenigen Orten in unserer Stadt kann man noch Reste der Grenzanlagen erkennen. Zur Erinnerung ist an mehreren Stellen des Stadtgebiets der ehemalige Mauerverlauf auf dem Straßenpflaster markiert worden.
Im Haus am „Checkpoint Charly“ (Friedrichstr./Ecke Zimmerstr.) kann man sich über die damaligen Grenzanlagen und die zahlreichen Fluchtversuche der DDR-Bürger informieren. Auch im Mauermuseum in der Bernauer Str. (Mitte) wird die Geschichte der Grenzanlagen und Fluchtversuche gezeigt. Dort ist auch ein Stück der alten Grenzanlage zu besichtigen.

Berlin – Die Hauptstadt Deutschlands

Wenn wir von unserem Staat sprechen, sagen wir einfach Deutschland. Ganz genau heißt er aber „Bundesrepublik Deutschland“.
Ein Bund bedeutet, dass sich gleichberechtigte Bundesländer zusammengeschlossen haben. Insgesamt bilden 16 Länder, darunter die 3 Stadtstaaten Berlin, Hamburg und Bremen, die Bundesrepublik Deutschland.
Republik kommt vom lateinischen Wort „res publicum“ und bedeutet „Sache des Volkes“. In Deutschland bestimmen die Bürgerinnen und Bürger durch Wahlen die Abgeordneten des Bundestages. Die Sitzungen des Bundestages finden im Reichstagsgebäude statt. Hier werden die Gesetze beschlossen. Die Mehrheit des Bundestages wählt den Bundeskanzler.
Die Bundestagsabgeordneten wählen zusammen mit Vertretern der Bundesländer den Bundespräsident. Er ist das Staatsoberhaupt.

1 Deutschland Quiz – Immer eine Antwort ist richtig, streiche die falschen durch!

1. Wie viele Bundesländer gehören zu Deutschland? ZWÖLF SECHZEHN ACHTZEHN
2. Welches Bundesland umgibt die Hauptstadt der Bundesrepublik Deutschland? NIEDERSACHSEN BRANDENBURG SACHSEN
3. Welches Bundesland grenzt im Norden an Brandenburg? SCHLESWIG-HOLSTEIN MECKLENBURG-VORPOMMERN THÜRINGEN
4. Welches Bundesland grenzt im Süden an Brandenburg? SACHSEN HESSEN BAYERN
5. Wie heißt die Hauptstadt von Brandenburg? BERLIN POTSDAM BERNAU
6. Wie viele Staaten grenzen an Deutschland? FÜNF NEUN ELF
7. Welcher Staat liegt östlich von Brandenburg? POLEN DÄNEMARK ÖSTERREICH

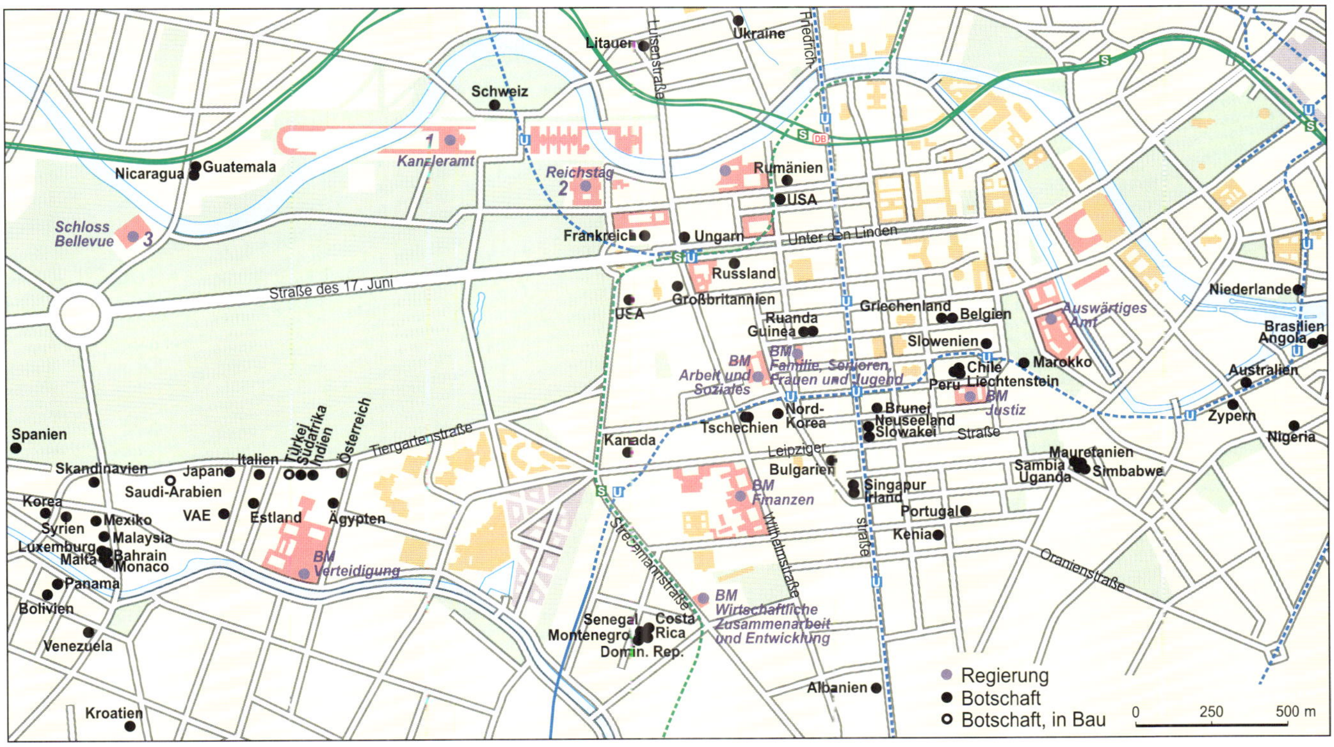

2 Suche die abgebildeten Gebäude auf dem Stadtplan oben. Schreibe die richtigen Ziffern in die Fotos.

3 Wie heißt der Bundespräsident?

4 Zur Bundesregierung gehören die Ministerien. Suche aus dem Kartenausschnitt Bundesministerien (BM) und notiere drei Namen.

5 Deutschland unterhält mit fast allen Staaten der Erde offizielle Beziehungen. Über 130 Staaten sind mit Botschaftern oder Botschafterinnen in Berlin vertreten. Schreibe die Namen von drei Staaten auf, deren Botschaften sich in Berlin befinden.

Berlin und Brandenburg

Rätselflüge

Mithilfe von Rätselflügen kann man gut die Himmelsrichtungen, die Orientierung auf Karten und die Arbeit mit Karten üben.

1) Ein Sportflugzeug startet am Flughafen Berlin-Schönefeld. Es fliegt ein kurzes Stück nach Osten, bis es zu einer Autobahn kommt. Von dort fliegt es nach Süden bis zu einer Autobahnkreuzung. Hier biegt das Flugzeug ab und folgt der Autobahn Richtung Osten bis es zu einem Autobahnabzweig kommt. Das Flugzeug fliegt Richtung Norden, bis die Autobahn einen Kanal kreuzt. Diesem Kanal folgt der Pilot Richtung Osten. Der Kanal mündet in einen Fluss. Der Pilot folgt dem Fluss und landet in der nächsten Stadt. Wie heißt die Stadt?
2) Ein Hubschrauber startet in Berlin-Tegel. Der Pilot fliegt Richtung Norden am Tegeler See vorbei, bis er auf eine Autobahn stößt. Dieser folgt er, bis diese in eine andere Autobahn einmündet. Dieser Autobahn folgt der Pilot Richtung Osten bis er eine Eisenbahnlinie kreuzt. Nun folgt der Pilot der Eisenbahn Richtung Norden bis zu einem Kanal. Der Hubschrauber folgt dem Kanal in östlicher Richtung. Er landet neben einem besonderen Bauwerk. Wie heißt es?
3) Erfindet weitere Rätselflüge und notiert sie.

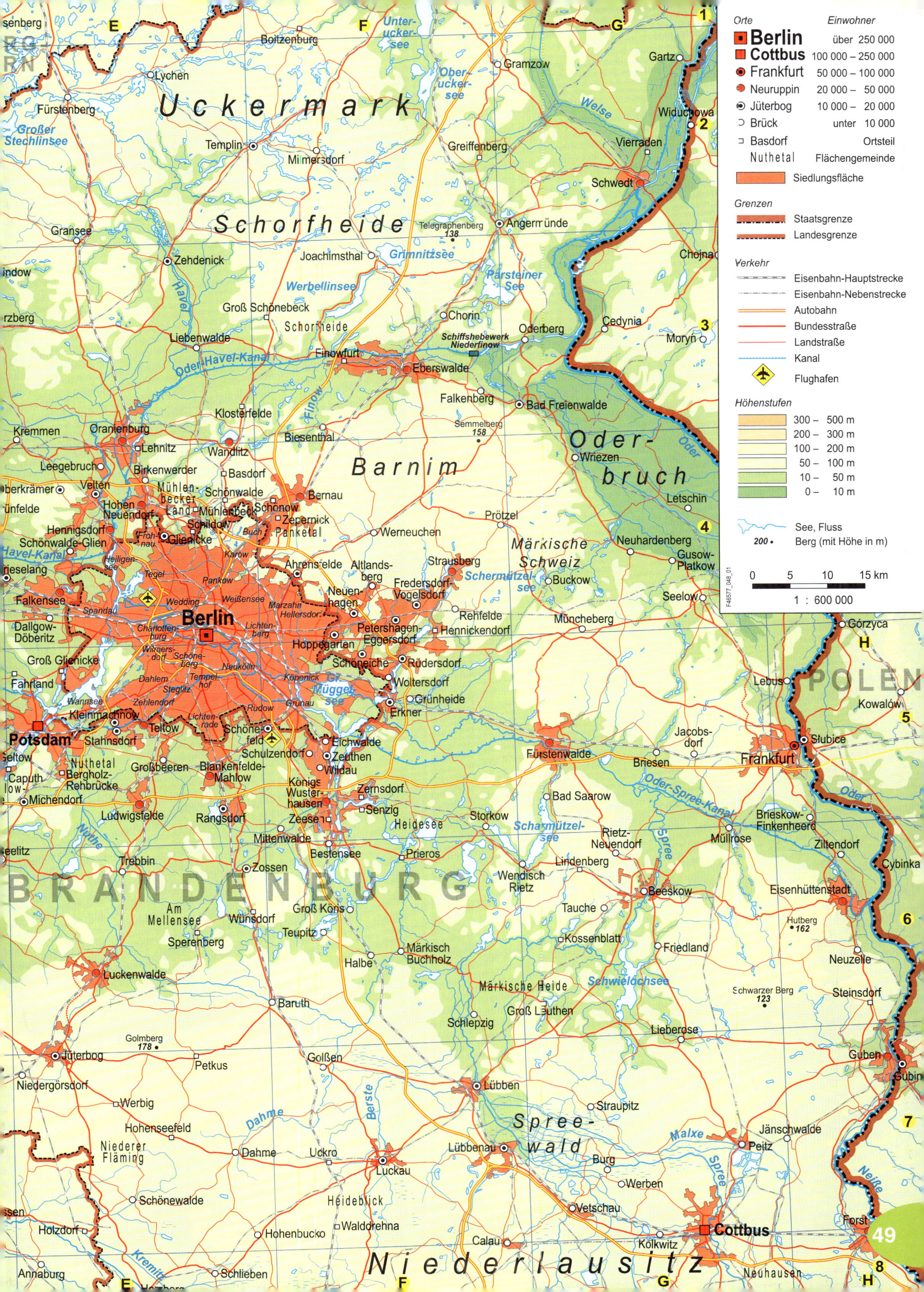
Orte
Einwohner
Berlin über 250 000
Cottbus 100 000 – 250 000
Frankfurt 50 000 – 100 000
Neuruppin 20 000 – 50 000
Jüterbog 10 000 – 20 000
Brück unter 10 000
Basdorf Ortsteil
Nuthetal Flächengemeinde
Siedlungsfläche
Grenzen
Staatsgrenze
Landesgrenze
Verkehr
Eisenbahn-Hauptstrecke
Eisenbahn-Nebenstrecke
Autobahn
Bundesstraße
Landstraße
Kanal
Flughafen
Höhenstufen
300 – 500 m
200 – 300 m
100 – 200 m
50 – 100 m
10 – 50 m
0 – 10 m
See, Fluss
200 • Berg (mit Höhe in m)
0 5 10 15 km
1 : 600 000
F46577_048_01
E
F
G
H
1
2
3
4
5
6
7
8
Uckermark
Schorfheide
Barnim
Oderbruch
Märkische Schweiz
BRANDENBURG
Spreewald
Niederlausitz
POLEN
Boitzenburg
Lychen
Fürstenberg
Großer Stechlinsee
Unteruckersee
Oberuckersee
Gramzow
Gartz
Welse
Widuchowa
Vierraden
Schwedt
Templin
Milmersdorf
Greiffenberg
Gransee
Zehdenick
Havel
Telegraphenberg 138
Angermünde
Joachimsthal
Grimnitzsee
Werbellinsee
Parsteiner See
Chojna
Groß Schönebeck
Schorfheide
Chorin
Oderberg
Cedynia
Moryń
Liebenwalde
Oder-Havel-Kanal
Finowfurt
Schiffshebewerk Niederfinow
Eberswalde
Falkenberg
Bad Freienwalde
Finow
Klosterfelde
Kremmen
Oranienburg
Lehnitz
Wandlitz
Biesenthal
Semmelberg 158
Wriezen
Oder
Leegebruch
Birkenwerder
Basdorf
Velten
Mühlenbecker Land
Schönwalde
Bernau
Hohen Neuendorf
Mühlenbeck
Schönow
Zepernick
Panketal
Schildow
Letschin
Prötzel
Hennigsdorf
Glienicke
Buch
Werneuchen
Schönwalde-Glien
Havel-Kanal
Frohnau
Karow
Neuhardenberg
Heiligensee
Gusow-Platkow
Tegel
Pankow
Ahrensfelde
Altlandsberg
Strausberg
Schermützelsee
Buckow
Falkensee
Spandau
Wedding
Weißensee
Marzahn-Hellersdorf
Neuenhagen
Fredersdorf-Vogelsdorf
Rehfelde
Seelow
Berlin
Charlottenburg
Lichtenberg
Petershagen-Eggersdorf
Hennickendorf
Müncheberg
Dallgow-Döberitz
Wilmersdorf
Schöneberg
Hoppegarten
Górzyca
Groß Glienicke
Neukölln
Schöneiche
Rüdersdorf
Fahrland
Dahlem
Tempelhof
Köpenick
Gr. Müggelsee
Woltersdorf
Lebus
Steglitz
Grünheide
Kowalów
Wannsee
Zehlendorf
Rudow
Grünau
Erkner
Kleinmachnow
Potsdam
Stahnsdorf
Teltow
Lichtenrade
Schönefeld
Eichwalde
Jacobsdorf
Słubice
Seltow
Nuthetal
Bergholz-Rehbrücke
Großbeeren
Blankenfelde-Mahlow
Schulzendorf
Zeuthen
Wildau
Fürstenwalde
Briesen
Frankfurt
Caputh
Michendorf
Königs Wusterhausen
Zernsdorf
Bad Saarow
Oder-Spree-Kanal
Brieskow-Finkenheerd
Ludwigsfelde
Rangsdorf
Zeesen
Senzig
Heidesee
Storkow
Scharmützelsee
Rietz-Neuendorf
Spree
Müllrose
Ziltendorf
Nuthe
Mittenwalde
Bestensee
Prieros
Trebbin
Zossen
Lindenberg
Cybinka
Wendisch Rietz
Beeskow
Eisenhüttenstadt
Am Mellensee
Wünsdorf
Groß Köris
Tauche
Hutberg 162
Sperenberg
Teupitz
Kossenblatt
Friedland
Märkisch Buchholz
Halbe
Neuzelle
Luckenwalde
Märkische Heide
Schwielochsee
Schwarzer Berg 123
Steinsdorf
Baruth
Groß Leuthen
Schlepzig
Lieberose
Golmberg 178
Jüterbog
Petkus
Golßen
Guben
Gubin
Niedergörsdorf
Lübben
Berste
Werbig
Dahme
Straupitz
Hohenseefeld
Jänschwalde
Niederer Fläming
Lübbenau
Malxe
Peitz
Dahme
Uckro
Luckau
Burg
Neiße
Werben
Schönewalde
Heideblick
Vetschau
Holzdorf
Walddrehna
Hohenbucko
Forst
Cottbus
Calau
Kolkwitz
Annaburg
Kremitz
Herzberg
Schlieben
Neuhausen

Rund um Berlin

Spielvorbereitung:

1. Für das Spiel „Rund um Berlin“ benötigst du zwei Würfel und die Seite 51/52.
2. Trenne die Seite 51 heraus und schneide die 12 Bilder entlang der gestrichelten Linien aus.
3. Betrachte vor Spielbeginn die Bilder 1 bis 12 und lies die zugehörigen Texte A bis M durch. Merke dir die fettgedruckten Stichwörter.
4. Suche die genannten Orte im Berliner Umland auf den Karten auf Seite 48 und 49.
5. Zum Spielen benötigst du einen Partner.

Spielregeln – Stufe 1:

1. Ziel des Spiels ist es, die Felder 1 bis 3 mit je einer dazu gehörenden Ausschneidekarte zu belegen (z. B. Feld 1 mit den Karten 1, 2, 3 oder 4)
2. Die Spieler würfeln abwechselnd. Sie entscheiden vor jedem Wurf, ob sie einen oder beide Würfel benutzen.
3. Entsprechend der Augenzahl nimmt der Spieler die Spielkarte und nennt zum Bild die fettgedruckten Stichwörter. Bei richtiger Antwort belegt er mit der Karte das dazugehörende Feld.
4. In jedes Feld kann pro Spieler nur eine Karte abgelegt werden.
5. Würfelt der Spieler eine Augenzahl, zu der die Spielkarte schon vergeben ist bzw. sein Feld bereits belegt ist, kommt der Mitspieler wieder an die Reihe.
6. Bei einem Pasch (beide Würfel mit gleicher Augenzahl) kann eine beliebige Karte gewählt werden, um die Stichwörter zu nennen.

Wer seine drei Felder als erster mit drei Karten belegt hat, ist Sieger.

Spielregeln – Stufe 2:

Stufe 2: Die Spielkarte darf nur abgelegt werden, wenn zusätzlich der Ort auf der Karte Seite 48/49 gezeigt wird.

① ② ③ ④	⑤ ⑥ ⑦ ⑧	⑨ ⑩ ⑪ ⑫	
Feld 1	Feld 2	Feld 3	**Spieler 1**
Feld 1	Feld 2	Feld 3	**Spieler 2**

4

8

12

3

7

11

2

6

10

1

5

9

Rund um Berlin

Ⓜ
Templin liegt am nördlichen Rand der Schorfheide. Bis auf einige Durchbrüche ist die mit insgesamt 51 Türmen und Wiekhäusern bewehrte **Stadtmauer** fast vollständig erhalten. Zur Stadtmauer gehören noch drei eindrucksvolle Stadttore.

Ⓗ
In der Nähe von **Fürstenwalde** liegen mehrere Tonnen schwere **Findlinge,** riesige Granitsteine. Sie wurden während der Eiszeit vor über 10 000 Jahren durch Gletscher von Norwegen hierher transportiert.

Ⓓ
Auf fast 50 km Länge verzweigt sich die Spree in zahlreiche kleine Fließe und Kanäle. Auf ihnen kann man in Kähnen den **Spreewald** durchfahren. Als Biosphären-Reservat ist das gesamte Gebiet des Spreewaldes geschützt.

Ⓛ
Buckow am **Schermützelsee** liegt mitten in der Märkischen Schweiz. Diese Region besteht aus vielen Waldgebieten, herrlichen Seen und kleinen Bergen. Dort wird gewandert oder Rad gefahren.
Vom Panoramaweg um den Schermützelsee haben Wanderer schöne Ausblicke.

Ⓖ
Etwa 100 km östlich von Berlin liegt **Frankfurt** an der Oder, eine Grenzstadt zum Nachbarland Polen. Der jenseits der Oder liegende Ort heißt Slubice. Die **Oderbrücke,** die die beiden Städte verbindet, wurde 1951 neu gebaut. Frankfurt an der Oder hat heute etwa 85 000 Einwohner.

Ⓒ
Der **Roland** steht in **Brandenburg** am Altstädter Rathaus. Die Figur gilt als Sinnbild für die Eigenständigkeit einer Stadt. Brandenburg ist über 1000 Jahre alt. Es entstand – ähnlich wie Berlin – aus zwei Schwesterstädten, der Altstadt und der Neustadt Brandenburg. Heute hat die Stadt mehr als 90 000 Einwohner.

Ⓚ
Das **Schloss** in **Rheinsberg** liegt landschaftlich reizvoll in einer Seen- und Waldlandschaft, der Ruppiner Schweiz. Das Schloss wird heute von zahlreichen Touristen besucht. Es wurde berühmt durch Friedrich I., der hier vier Jahre lebte und durch Romane von Theodor Fontane.

Ⓕ
Am Rand des Hohen Fläming steht bei **Belzig** die **Burg Eisenhardt.** Von dem 33 m hohen Bergfried hat man eine herrliche Aussicht auf Belzig und den Fläming mit dem Hagelberg, dem mit 200 m einer der höchsten Berge Brandenburgs.

Ⓑ
Potsdam – südwestlich von Berlin gelegen – ist bekannt durch seine großartige **Schloss**anlage **Sanssouci** und durch weitere kunstvolle Gebäude, z. B. das „Chinesische Teehaus". Die Landeshauptstadt von Brandenburg ist über 1000 Jahre alt und damit älter als Berlin.

Ⓘ
Das **Schinkeldenkmal** steht in **Neuruppin.** Der Oberlandesbaudirektor Schinkel, der 1781 in Neuruppin geboren wurde, war im 19. Jahrhundert einer der bedeutendsten Baumeister. Ebenfalls aus Neuruppin stammt der bekannte Dichter Theodor Fontane.

Ⓔ
Das **Storchendorf Rühstädt** liegt in der Flusslandschaft der Elbe zwischen Havelberg und Wittenberge. Rühstädt ist der storchenreichste Ort Deutschlands. Bis zu 37 Nester werden jährlich bezogen. In den Elbauen finden die Störche ausreichend Nahrung.

Ⓐ
Damit Schiffe von der Havel bis zur Oder fahren können, wurde der Oder-Havel-Kanal gebaut. Seit 1934 verbindet das **Schiffshebewerk Niederfinow** die auf unterschiedlicher Höhe fließenden Flüsse. Die Schiffe fahren in einen großen Trog und werden in 5 Minuten wie im Fahrstuhl von unten nach oben oder umgekehrt gefahren.

Das Schiffshebewerk Niederfinow

Nordöstlich von Berlin, in der Nähe von Eberswalde, liegt der kleine Ort Niederfinow. Bekannt ist dieser Ort durch ein großes Schiffshebewerk. Es wurde in einem Kanal eingebaut, der zwei Flüsse miteinander verbindet, die in 36 m Höhenunterschied fließen.
Die Schiffe fahren in einen wassergefüllten „Trog" hinein und werden dann wie in einem Fahrstuhl nach oben oder nach unten befördert. Dann wird der „Trog" geöffnet und die Schiffe können weiterfahren.
Aufgrund des großen Verkehrsaufkommens zwischen Berlin und der Oder reicht das 1934 fertig gestellte Schiffshebewerk nicht mehr aus. Deswegen soll direkt daneben ein neues größeres Schiffshebewerk gebaut werden. Weite Informationen findest du unter www.schiffshebewerk.de.

1. Suche auf der Karte Seite 48/49 das Schiffshebewerk. An welchem Kanal liegt es?

   ____

2. Welche Flüsse verbindet der Kanal?

   ____

3. Welcher der beiden Flüsse liegt tiefer?

   ____

4. Die Skizze zeigt das Schiffshebewerk. Die beiden Schiffe A und B fahren durch den Kanal. Zu welchen Flüssen fahren sie?

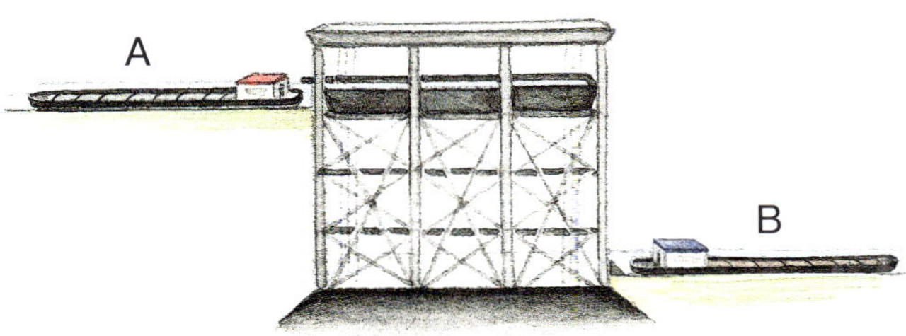

A: ______________ B: ______________

5. Überlege, welche andere Möglichkeit es gäbe, den Höhenunterschied der Flüsse für die Schiffe zu überwinden. Notiere in Stichworten:

   ____

Schiffshebewerk Niederfinow
Erbaut nach Entwürfen der Wasserstraßenverwaltung – von einer deutschen Firmengemeinschaft

Bauzeit u. Kosten: **1927–1934** **27,5 Mill.** Reichsmark
Hebewerk: **94 m** lang; **27 m** breit; **60 m** hoch
Trog: **85 m** lang; **12 m** breit; **2,50 m** Wassertiefe
Gewicht mit Wasser: **4300 t** Hubhöhe: **36 m**
Dauer eines Hubes: **5 Minuten**
Dauer einer Schleusung: **20 Minuten**

Das Schiffshebewerk ist das Bindeglied der Wasserstraßen

ODER – HAVEL – ELBE

Rüdersdorf und Fläming-Skate

Einen tiefen Blick in die Vergangenheit bietet der große Kalksteinbruch in **Rüdersdorf** östlich von Berlin. Noch heute kann hier erforscht werden, welche Pflanzen und Tierarten vor über 200 Millionen Jahren in unserer Region lebten. Damals war ganz Mitteleuropa von einem flachen warmen Meer bedeckt. Darin lebten Pflanzen- und Tierarten, die längst ausgestorben sind. Versteinerungen dieser Lebewesen (Fossilien) sind im Kalkstein eingeschlossen. Sie können in der Umgebung Berlins nur in Rüdersdorf gefunden und gesammelt werden, weil die Kalkschichten hier bis an die Oberfläche reichen. Im Stadtgebiet Berlins liegen die mächtigen Kalkschichten dagegen teilweise 600 m tief. Bereits seit 700 Jahren wurde der Kalkstein als Baumaterial genutzt. Auch für den Bau des Berliner Doms, des Brandenburger Tores und des Reichstagsgebäudes wurde Rüdersdorfer Kalkstein verwendet.

1 Beschreibe, wodurch wir heute Kenntnisse über ausgestorbene Tiere haben.

Im Jahr 2002 wurde ca. 40 km südlich von Berlin die **Fläming-Skate** fertig gestellt. Es handelt sich um eine für Skater gebaute Bahn, die 100 km lang und 3 m breit ist. Ergänzt wird die Fläming-Skate durch über 75 km Radwege, die genutzt werden dürfen. Damit ist die Fläming-Skate Europas längste Skate-Bahn und zugleich ein ideales Revier für Rad- und Rollstuhlfahrer.

Die Fläming-Skate bietet beste Möglichkeiten für Tagesausflüge, einen Wochenendkurzurlaub oder längere Skate-Ferien. Neben der langen autofreien Strecke gibt es noch zwei kürzere Rundkurse von 12 km Länge bei Luckenwalde und Jüterbog. Entlang der Strecken gibt es zahlreiche Rastplätze, Gaststätten und Hotels. Die Ortschaften am Streckenrand bieten den Freizeitsportlern Abwechslungen. Zahlreiche Sonderveranstaltungen locken immer mehr Gäste an. Alle Streckenabschnitte werden detailliert unter www.flaeming-skate.de vorgestellt.

2 Suche auf der Karte Seite 48/49 die Fläming-Skate.

Berlin-Rätsel

Rätselfragen

1. Ein großer Bezirk im Norden von Berlin
2. Ein Bezirk im Zentrum von Berlin
3. Dieses öffenliche Verkehrsmittel fährt überwiegend unter der Erde.
4. In diesem Museum steht ein riesiges Saurierskelett.
5. Eine der ältesten Kirchen in Berlin in der Nähe des Neptunbrunnens
6. Das höchste Gebäude von Berlin
7. Der Spitzname für die Figur auf der Siegessäule
8. In diesem Theater am Hansaplatz werden interessante Stücke für Kinder gespielt.
9. Ein Schloss mit einer barocken Parkanlage
10. Großes Waldgebiet an der Havel bei Wilmersdorf
11. An diesem See befindet sich Berlins größtes Strandbad.
12. Dieser Fluss fließt mitten durch Berlin.
13. Dieses Insekt kann über das Wasser laufen.
14. Diese Pflanzengemeinschaft ist für die Gewässerreinigung wichtig.
15. Eine technische Einrichtung, die Schiffe hebt und senkt.
16. Die höchsten natürlichen Berge in Berlin
17. Sie übernahmen 1933 die Macht in Deutschland.
18. Die Verbindung zwischen Westdeutschland und West-Berlin während der Blockade
19. Diese Ausländer holte der Große Kurfürst aus Frankreich.
20. Der Ort im Umland von Berlin mit einem großen Schiffshebewerk
21. Die Landeshauptstadt von Brandenburg
22. Ein altes Gebäude mit einer gläsernen Kuppel, in dem der Bundestag arbeitet.

Die Buchstaben in den Kreisen ergeben ein Lösungswort. Du musst das Wort rückwärts lesen:

1	2	3	4	5	6

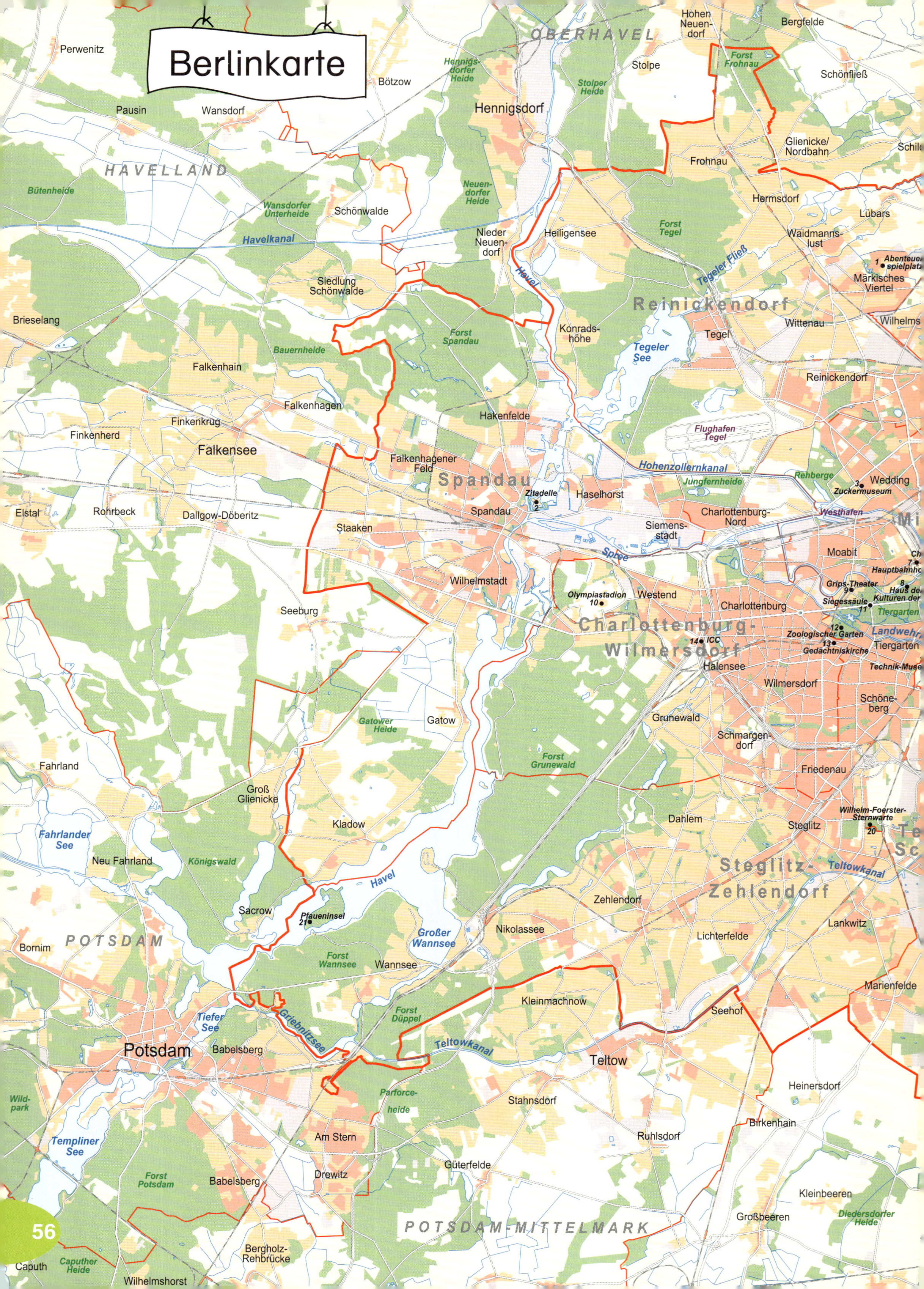

Berlinkarte
Perwenitz
Bötzow
OBERHAVEL
Hohen Neuendorf
Bergfelde
Forst Frohnau
Stolpe
Schönfließ
Hennigsdorfer Heide
Stolper Heide
Pausin
Wansdorf
Hennigsdorf
Glienicke/ Nordbahn
Frohnau
HAVELLAND
Bütenheide
Wansdorfer Unterheide
Schönwalde
Neuendorfer Heide
Hermsdorf
Lübars
Havelkanal
Nieder Neuendorf
Heiligensee
Forst Tegel
Waidmannslust
Abenteuerspielplatz
Märkisches Viertel
Tegeler Fließ
Havel
Siedlung Schönwalde
Reinickendorf
Brieselang
Wittenau
Wilhelmsruh
Konradshöhe
Tegel
Tegeler See
Forst Spandau
Bauernheide
Falkenhain
Reinickendorf
Falkenhagen
Hakenfelde
Finkenkrug
Flughafen Tegel
Finkenherd
Falkensee
Hohenzollernkanal
Falkenhagener Feld
Spandau
Rehberge
Wedding
Zuckermuseum
Jungfernheide
Zitadelle
Haselhorst
Elstal
Rohrbeck
Dallgow-Döberitz
Spandau
Charlottenburg-Nord
Westhafen
Staaken
Siemensstadt
Spree
Moabit
Hauptbahnhof
Wilhelmstadt
Grips-Theater
Haus der Kulturen der Welt
Olympiastadion
Westend
Charlottenburg
Siegessäule
Tiergarten
Seeburg
Charlottenburg-Wilmersdorf
Zoologischer Garten
Landwehrkanal
ICC
Gedächtniskirche
Tiergarten
Halensee
Technik-Museum
Wilmersdorf
Schöneberg
Gatower Heide
Gatow
Grunewald
Schmargendorf
Forst Grunewald
Fahrland
Friedenau
Groß Glienicke
Wilhelm-Foerster-Sternwarte
Dahlem
Steglitz
Kladow
Fahrlander See
Neu Fahrland
Königswald
Steglitz-Zehlendorf
Teltowkanal
Havel
Zehlendorf
Sacrow
Pfaueninsel
Lankwitz
Nikolassee
Bornim
POTSDAM
Großer Wannsee
Lichterfelde
Forst Wannsee
Wannsee
Marienfelde
Kleinmachnow
Seehof
Forst Düppel
Tiefer See
Griebnitzsee
Potsdam
Babelsberg
Teltowkanal
Teltow
Heinersdorf
Parforceheide
Wildpark
Stahnsdorf
Birkenhain
Templiner See
Am Stern
Ruhlsdorf
Forst Potsdam
Babelsberg
Drewitz
Güterfelde
Kleinbeeren
Großbeeren
Diedersdorfer Heide
POTSDAM-MITTELMARK
Bergholz-Rehbrücke
Caputh
Caputher Heide
Wilhelmshorst